U0076702

Co...

從三角形的性質衍生出的方便函數

現代社會由三角函數所支撐

正弦、餘弦、止切……，這些宛如咒語的詞彙，其實是這本書的主題 ——「三角函數」的名稱。在學校上數學課的時候，有沒有思考過「三角函數到底要運用在何時？在什麼場合會用到呢？」

既然會被稱為三角函數，當然就跟三角形有關係。但是，如果仔細閱讀這本書的後半段，就會發現三角函數竟然和乍看與三角形毫不相干的「波」有著密切的關聯。

我們生活周圍充滿許多如光、聲音、無線電波、地震……的波。如果想要調查或者利用這些波，就必須具備善用三角函數的技巧。

如今，數位傳播、網路影音、智慧型手機的拍照攝影及音樂播放等等，各式各樣的技術都會用到三角函數。如果說三角函數是支撐現代社會的基礎，一點也不為過吧！

和三角函數有關係的，不只「三角形」！

三角函數是因為調查三角形的性質所衍生出來的。但實際上，不只是三角形，它和「波」也有密切的關係。在這本書的後半段會有更詳細的說明。

三角形是一切圖形的基礎

堅固的結構也是三角形的功勞

三角形是所有圖形的基礎，四邊形或五邊形等各種多邊形，毫無例外，全部都可以切割成多個三角形。反過來說，無論多麼複雜的多邊形，都能藉由多個三角形組合而出。在電腦遊戲、電腦繪圖動畫中，利用多個三角形[※1]的集合來表現物體的「多邊形技術」（polygon）[※2]，便是應用這個方法。

三角形在建造結構物時，也能發揮功用，以此的骨架經常用在鐵橋等處，稱為「桁架結構」。三角形只要三個邊的長度固定，三個頂點的位置和角度就會自動跟著固定，因此能保持形狀穩固。四邊形等其他多邊形，就做不到這一點（參照右頁的插圖）。此外，把三角形的三個內角（頂點內側的角度）全部加起來，一定等於180°。利用這個原理，只要知道三角形中任兩個角的角度，便能求出第三個角的角度。

※1：不只利用三角形，也利用四邊形的多邊形技術。

※2：polygon是一種以向量的形式，把與空間有關的數據分為點、線、多邊形的技術。

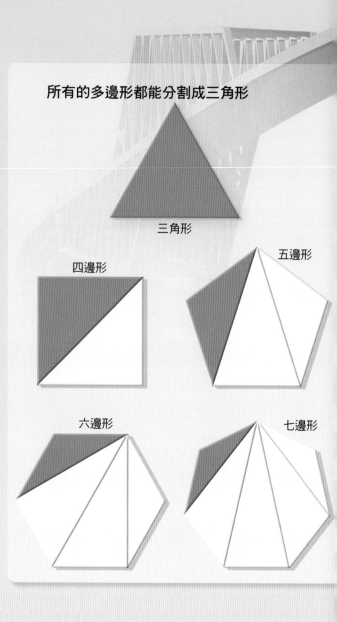

所有的多邊形都能分割成三角形

三角形

四邊形

五邊形

六邊形

七邊形

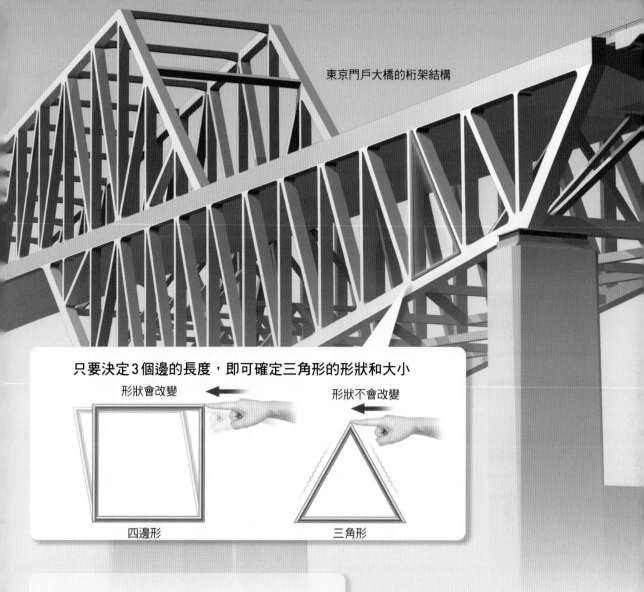

東京門戶大橋的桁架結構

只要決定3個邊的長度，即可確定三角形的形狀和大小

形狀會改變 ← ← 形狀不會改變

四邊形　　　　　　　　三角形

把三角形的內角全部加起來，永遠等於180°

內角的總和（內角和）為180°

三角形非常重要！

本頁彙整了三角形的三個重要性質。
由於這些性質，三角形可說是一切圖
形的基礎。

使用一根棍子測量金字塔的高度！

自古以來，人們一直在運用三角形的性質

人們自古以來就懂得善用三角形的性質。據說古希臘的哲學家泰利斯（Thales，約前624～約前546）就是利用以下的方法，求得巨大金字塔的高度。

泰利斯把一根棍子垂直插在地面上。當棍子的影子與棍子長度相等時，便去測量金字塔的影子長度。這個時候，「棍子及其影子形成的三角形」、「金字塔的高度及其影子形成的三角形」，都會成為「等

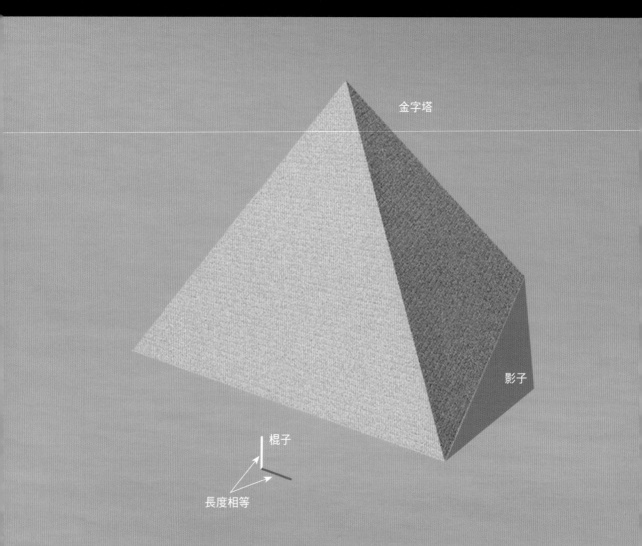

金字塔

影子

棍子

長度相等

腰直角三角形」（下圖的紅色三角形）。泰利斯便是利用此時金字塔影子的長度（下圖的Ａ＋Ｂ）和金字塔的高度相等的原理。

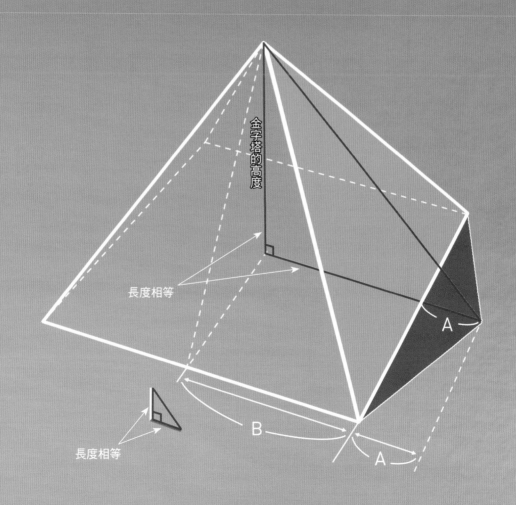

金字塔的高度

長度相等

長度相等

Ａ

Ｂ

Ａ

紀元前就已求得地球一周的長度

巧妙運用了「角度」的聰明方法是什麼？

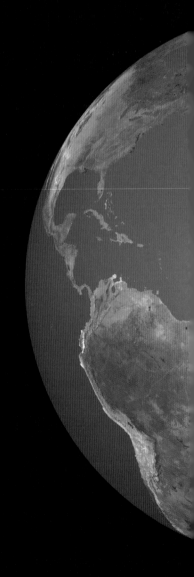

三角函數不只與三角形有關，和「角度」也有緊密的關係。人類史上第一個測定地球一周長度的人，便巧妙地運用了角度。

古希臘學者厄拉托西尼（Eratosthenes，約前275～約前194）依商隊移動的天數，算出賽伊尼（Syene，亞斯文）和亞歷山卓（Alexandria）之間的距離約為920公里。然後在夏至※的正中午，從這兩個城市測量太陽高度，結果相差了7.2°。這表示，地球中心與這兩座城市連接而成的扇形，中心角的角度為7.2°，弧（圓周的一部分）的長度約為920公里（參照插圖）。

如果把這個扇形的中心角放大到360°，弧的長度就等於地球一周的長度（圓周長）。厄拉托西尼便這樣算出了地球一周的長度＝920公里×（360°÷7.2°）＝4萬6000公里。如今已經知道實際的地球周長約為4萬公里，以當時的技術而言，厄拉托西尼計算出來的正確程度，真是令人驚歎。

※夏至：該日太陽直射北回歸線，北半球白晝最長，夜晚最短，南半球則相反。

太陽

陽光

7.2°

立在亞歷山卓
的棍子

約920公里

賽伊尼的井

7.2°

地球中心

如何測量地球一周的長度

厄拉托西尼發現，在埃及的城市賽伊尼，夏至正中午的陽
光會直射到深井底。也就是說，在夏至中午，太陽剛好來
到賽伊尼的正上方。他接著來到賽伊尼北部的亞歷山卓，
在地面立一根棍子，確定夏至正中午的太陽高度偏離正上
方 7.2°。於是依據這個角度和兩座城市間的距離，計算
出地球一周的長度。厄拉托西尼也因發明質數判斷法「厄
拉托西尼篩法」（sieve of Eratosthenes）而聞名於世。

註：地球與太陽未依比例尺繪製。

古代測量所用的「3：4：5 的直角三角形」

使用繩子就能簡單做出直角！

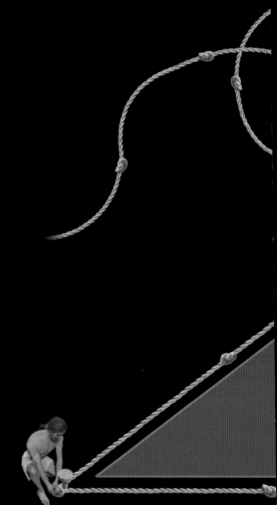

「**幾**何學」處理三角形等一切圖形，在非常古老的年代就建立了，據說古埃及時主要是因測量土地而發展起來。幾何學的英文geometry，語源就是「測量土地、地球」的意思。

古代的人把3邊長度為「3：4：5」的三角形，運用在土地測量等方面。將繩子每隔一段相等的間隔打個結，製作各邊的繩結間隔數為「3：4：5」的三角形，即成為直角三角形。

做出直角三角形的話，就能正確地重現出直角（90°）。把土地切割成含有直角的正方形、長方形或直角三角形等等，比較容易測量它的面積。就像這樣，古代人們已經懂得善加利用三角形的性質，測量土地的大小。

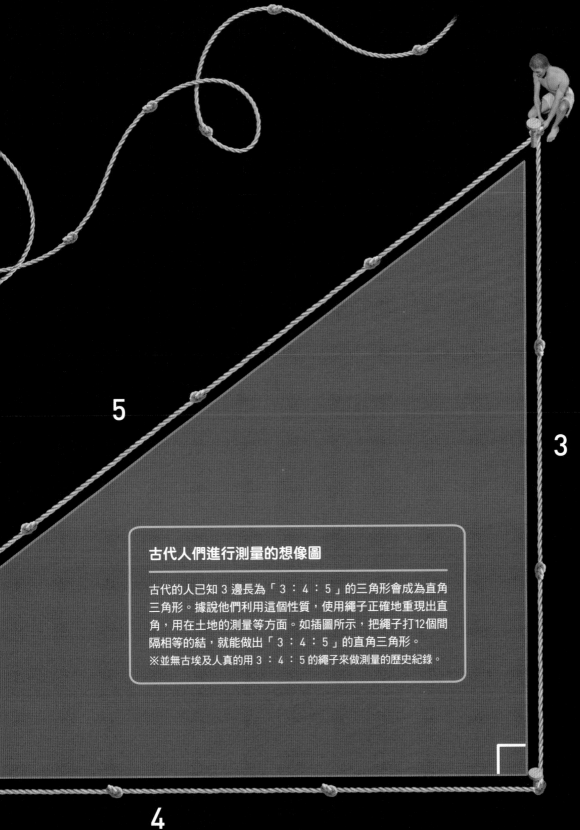

古代人們進行測量的想像圖

古代的人已知 3 邊長為「3：4：5」的三角形會成為直角
三角形。據說他們利用這個性質，使用繩子正確地重現出直
角，用在土地的測量等方面。如插圖所示，把繩子打12個間
隔相等的結，就能做出「3：4：5」的直角三角形。

※並無古埃及人真的用 3：4：5 的繩子來做測量的歷史紀錄。

在直角三角形成立的「畢氏定理」是什麼？

為什麼3：4：5的三角形會成為直角三角形？

畫一個3邊長為「3：4：5」的直角三角形，再分別用各邊為1邊畫出正方形。以邊長3所畫出的正方形，面積為9；以邊長4所畫出的正方形，面積為16；以邊長5所畫出的正方形，面積為25。

比較一下這些面積，有沒有發現它們之間存在著奇妙的關係？沒錯！把兩個小正方形的面積加起來，剛好等於大正方形的面積。

這個關係不僅在「3：4：5」的

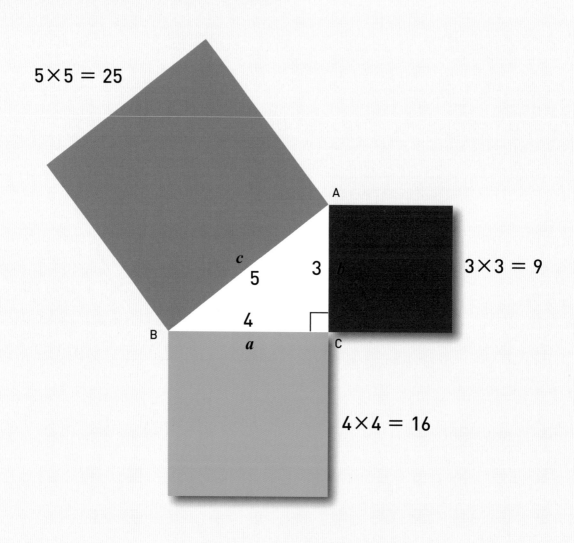

$$5 \times 5 = 25$$

$$3 \times 3 = 9$$

$$4 \times 4 = 16$$

直角三角形成立，在任何直角三角
形都會成立。反過來說，只要分別
以三角形的各邊畫出 3 個正方形，
大正方形的面積等於兩個小正方形
的面積的和，則這個三角形必定是
直角三角形。

　　這個性質就是「畢氏定理」，也
稱為「勾股定理」。畢氏定理和後
面要闡述的三角函數，有著密切的
關係。

畢氏定理

畢氏定理是指在直角三角形ABC中，夾著直角的 2 個邊BC、
AC的長度分別為 a、b，斜邊AB的長度為 c，則 3 個邊長之間
成立「$a^2 + b^2 = c^2$」的關係。各邊長為「3、4、5」的三
角形，就是滿足畢氏定理的整數典型例子。此外，各邊長為
「5、12、13」的直角三角形也滿足畢氏定理。滿足畢氏定理
的整數稱為「畢氏數」或「勾股數」。

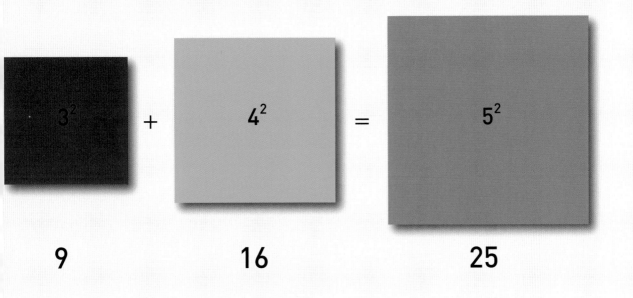

3^2　+　4^2　=　5^2

9　　　　　　16　　　　　　25

東京晴空塔的視線所及範圍也能計算出來！

利用畢氏定理來思考看看吧！

東京晴空塔能看到的範圍有多遠？

把東京晴空塔的頂端、能看到東京晴空塔的最遠地點、地球的中心連接起來，會成為右圖所示的直角三角形。利用畢氏定理，便可以算出所求的距離為90公里左右。

從日本東京晴空塔（高634公尺）望去的最遠距離，也可以用畢氏定理計算出來。從東京晴空塔的頂端做一條對地球剖面的切線（與圓只相交於一點的直線），則圓與切線的交點（切點）就是能看到東京晴空塔的最遠地點（右頁插圖）。圓（地球）的中心與切點的連線，具有必定與切線垂直相交的性質，所以只要連接圓的中心、東京晴空塔的頂端、切點，就會成為一個直角三角形。而知道地球的半徑和東京晴空塔的高度後，便可利用畢氏定理，算出所求的距離約為「90公里」。

計算式（單位為公里）

$$(6371+0.634)^2 = 6371^2 + (所求的距離)^2$$

$$所求的距離 = \sqrt{(6371+0.634)^2 - 6371^2}$$

$$= 89.88\cdots\cdots公里$$

地球半徑
6371公里

地球中心

計算能從東京晴空塔
看到的最遠範圍

宇都宮

高崎

銚子

約90公里

蘆之湖

註：若在海拔較高的位置，便能從距
離更遠的地方看到東京晴空塔。

利用三角形的性質製作出正確的地圖

實際要量的長度只有最初的基線

日本大正時期繪製成的「一等三角網圖」

日本的大正時期，把全國各地的主要三角點（一等三角點）連接起來，繪製成「一等三角網圖」，最初繪製成的基線稱為「相模野基線」，明治時期測定其長度大約為 5.2 公里。現在，日本在全國各地設置了「電子基準點」，接收人造衛星傳來的無線電波，以此做為繪製地圖的基礎。

※大正時期（1912～1926）；明治時期（1868～1912）

在山頂等能從遠處看到的地方，通常會設置「三角點」。這是為了用「三角測量」繪製正確地圖而設置的基準點。要測量 2 點之間的遙遠距離，一般來說會有實行上的困難。但若利用三角測量法，就有可能做到。三角形只要確定了「1 個邊的長度及其兩端的 2 角角度」，即可確定它的大小和形狀。三角測量就是利用這個性質。

以下具體說明它的作業順序。首先，選定兩個三角點做為基準點，再儘量正確地測量連接這兩個基準點的「基線」長度（1）。接著，在從兩個三角點都能看到的地方，選定第三個三角點，測量基線兩端的兩角角度（2）。同樣地，在基線另一側選定第四個三角點。把這兩個三角形依照預定的比例尺繪在紙上，即可正確表示出四個三角點的位置關係。接下來，以第三個三角點和第四個三角點的連線為新的基線，繪製更大的三角形，畫在地圖上（3）。原則上，如果反覆操作這項作業，以最初的基線長度為基準，之後只須測量角度，即可無限擴充地繪製出廣大範圍的正確地圖（4）。

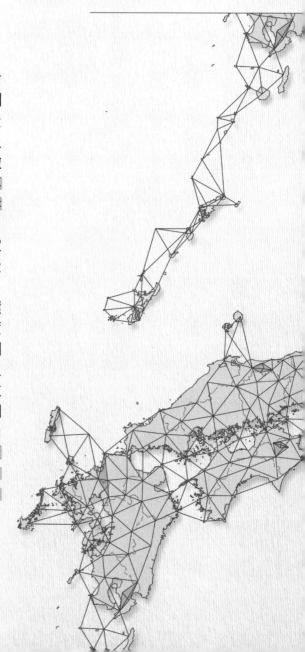

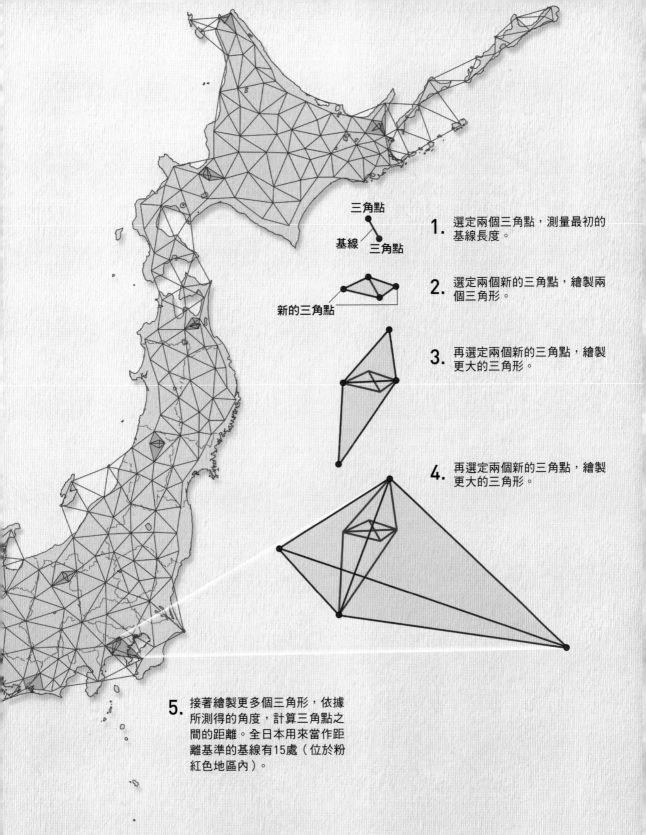

三角點

基線

三角點

新的三角點

1. 選定兩個三角點，測量最初的基線長度。

2. 選定兩個新的三角點，繪製兩個三角形。

3. 再選定兩個新的三角點，繪製更大的三角形。

4. 再選定兩個新的三角點，繪製更大的三角形。

5. 接著繪製更多個三角形，依據所測得的角度，計算三角點之間的距離。全日本用來當作距離基準的基線有15處（位於粉紅色地區內）。

本插圖依據日本國土地理院提供的「一等三角網圖」加工而成。
擇捉島也有最初的基線，但缺乏充分的位置資料，所以沒有標示出來。

Coffee Break

畢達哥拉斯趣味盎然的數學世界

古希臘知名的數學家畢達哥拉斯（Pythagoras，約前582～約前496）成立了一個學派，稱為「畢達哥拉斯教派」或「畢達哥拉斯學派」，他們不僅學習宗教、政治、哲學，也進行數與幾何學的研究。

除了畢氏定理，畢達哥拉斯等人也證明了三角形的內角和為180°。據說他們也發現了正四面體、正六面體、正八面體、正十二面體、正二十面體這五個正多面體（圖1）。

1. 五個正多面體

正四面體

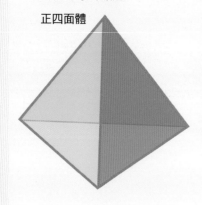

正六面體

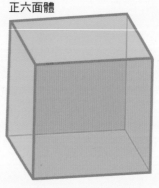

正八面體

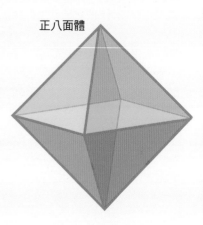

正十二面體

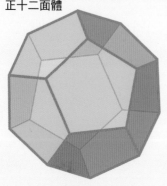

正二十面體

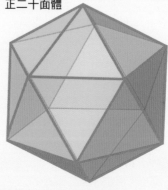

正多面體指每個面都是相同大小、相同形狀的正多邊形，且在每個頂點相交的面，數量都相等的立體。正多面體也稱為「柏拉圖立體」，已獲證明的只有插圖所示這5種。

此外，畢達哥拉斯也研究「三角形數」和「四邊形數」。三角形數如圖 2 所示，把共有頂點的三角形，從上方的小三角形開始，依序編為第 1 個、第 2 個、第 3 個……三角形時，構成各三角形的點（紅圓點）的總數。

而四邊形數如圖 3 所示，把共有右上方頂點的正方形，從右上方的小四方形開始，依序編為第 1 個、第 2 個、第 3 個……正方形時，構成各個正方形的點（紅圓點）的總數。

三角形數每次新增加的數，都比前一次新增加的數大 1，符合「$T(n) = \frac{n(n+1)}{2}$」的法則；四邊形則是每次新增加的數，都比前一次大 2，符合 $S(n) = n^2$ 的法則。無論哪一種，畢達哥拉斯等人都開啟了這個趣味盎然的數學世界的大門。

2. 三角形數 T（n）

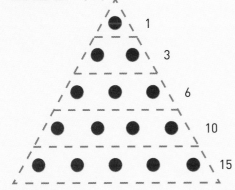

構成三角形的紅點總數，隨著列數增加，變成 1、3、6、10、15、……。這些數稱為「三角形數」，第 n 個三角形數可用 $\frac{n(n+1)}{2}$ 來表示。

3. 四邊形數 S（n）

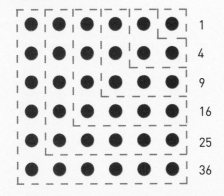

構成正方形的紅點總數，隨著列數增加，變成 1、4、9、16、25、36、……這些數稱為「四邊形數」，第 n 個四邊形數可用 n^2 來表示。

「弦」與「圓心角」

圓心角　　弦

以 2 倍「仰視恆星的角度」為圓心角時，所對應的弦的一半長度，即為「恆星的高度」。

仰視恆星的角度

三角函數的基本概念

從古希臘的天文學孕育出三角函數

如何正確記錄恆星的位置？

終 終於要進入本書的正題「三角函數」了。讀者一定很好奇，三角函數是怎麼來的呢？

首先發想出三角函數基本概念的人，可能是西元前的古希臘人。由於日常生活及農耕方面的需求，除了土地測量外，創造出正確的曆法也非常重要。而為了創造曆法，必須正確地記錄恆星位於天球上的什麼位置。

例如，我們無法直接測量天球上的某顆恆星「距離地面的高度」。因此，當時的天文學家便利用了「仰視恆星的角度」和「弦」（連接圓周上兩點的線段）的關係。只要決定了一個「仰視恆星的角度」，就會隨之決定一個「弦」的長度。因此確定天球的大小，便可依它的比例，得知恆星「距離地面的高度」。這個想法，便是現代三角函數的概念雛形。

三角函數與天文學

本圖所示為正在觀察恆星的人。為了記錄恆星在天球上如何移動、處於什麼位置，必須了解仰視恆星的角度與該角所對應的弦長度間的關係。

恆星
恆星的高度（弦長度的一半）
恆星的軌跡（在天球上形成一個圓弧）
90°
水平方向

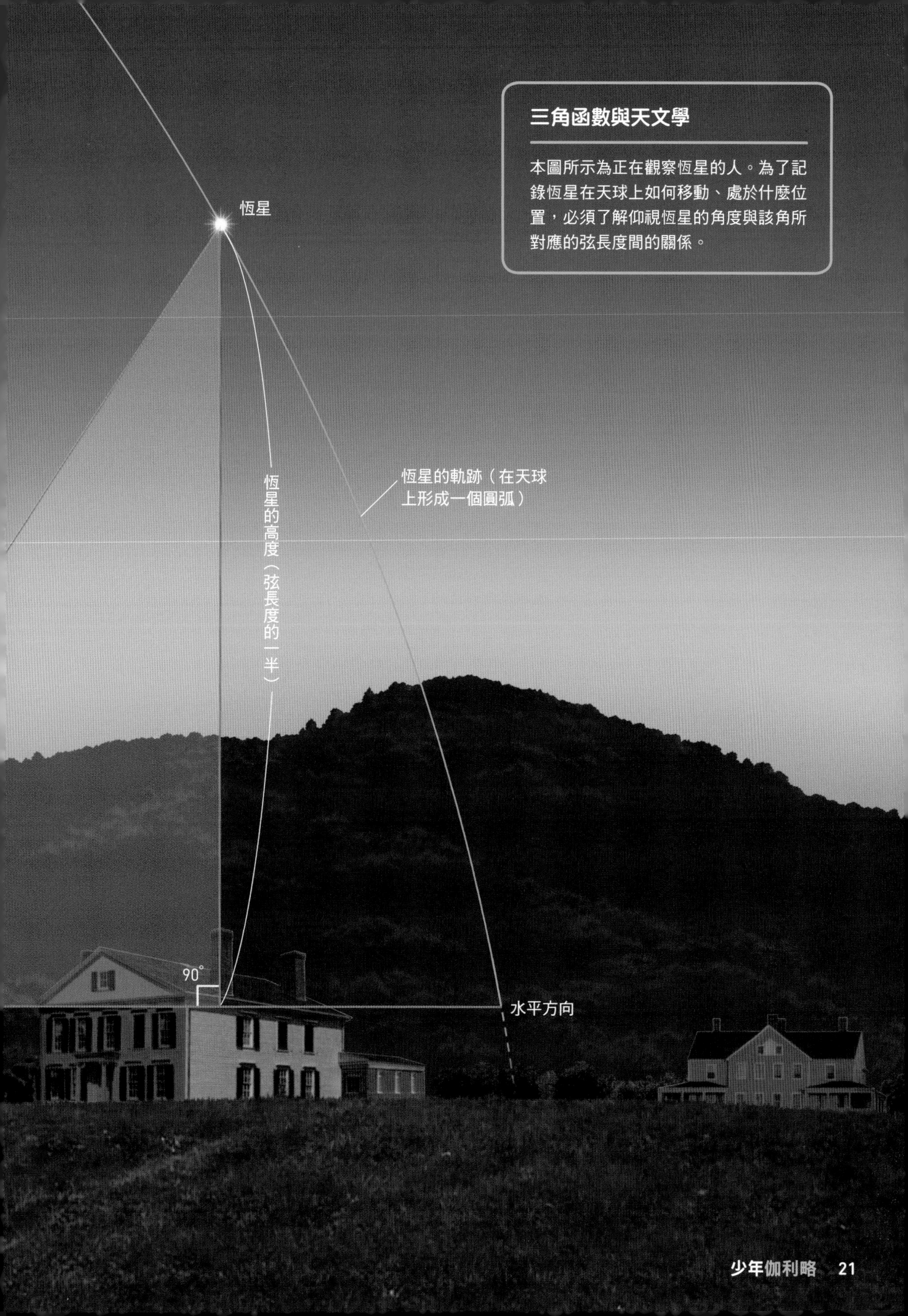

第一個三角函數「正弦」

用圓規和直尺，測量「正弦」的值吧！

如何使用圓規和直尺量正弦的值？

使用圓規和直尺測量正弦值的方法如右圖所示。設直角三角形其中一個非直角的角度為 θ，則 [高] ÷ [斜邊長] 即為 $\sin\theta$（下圖）。

正弦的英文為sine，數學上使用的符號為sin，讀作賽因。正弦沒有固定的值，必須先給定「某個角度」，才能決定對應於該角度的正弦值。如右圖的直角三角形，對應於角度 θ（給定角度時，經常會使用這個希臘字母，讀作西塔）的正弦值記為 $\sin\theta$，定義為「直角三角形的高除以斜邊長所得的值」。設斜邊長為 1，則高即為 $\sin\theta$ 的值。又，把斜邊長乘上 $\sin\theta$，就等於高。

我們來實際測量一下「對應於30°的正弦值」吧！假設要畫一個半徑10公分的圓，把圓規從位在水平方向的點（旋轉的起始點A）沿逆時針方向旋轉30°。然後，量一下鉛筆尖在點B的高度（紅粗線）。測量的結果，應該剛好是5公分。把它除以半徑的長度，得到的商「0.5」就是對應於30°的正弦值。用符號記成「$\sin 30° = 0.5$（$= \frac{1}{2}$）」。

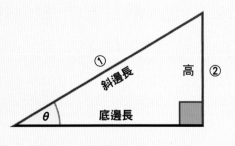

$$\frac{②}{①} = \frac{高}{斜邊長} = \sin\theta$$

$$斜邊長 \times \sin\theta = 高$$

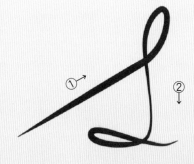

正弦的分母→分子的順序，與書寫體的「s」筆順相同。

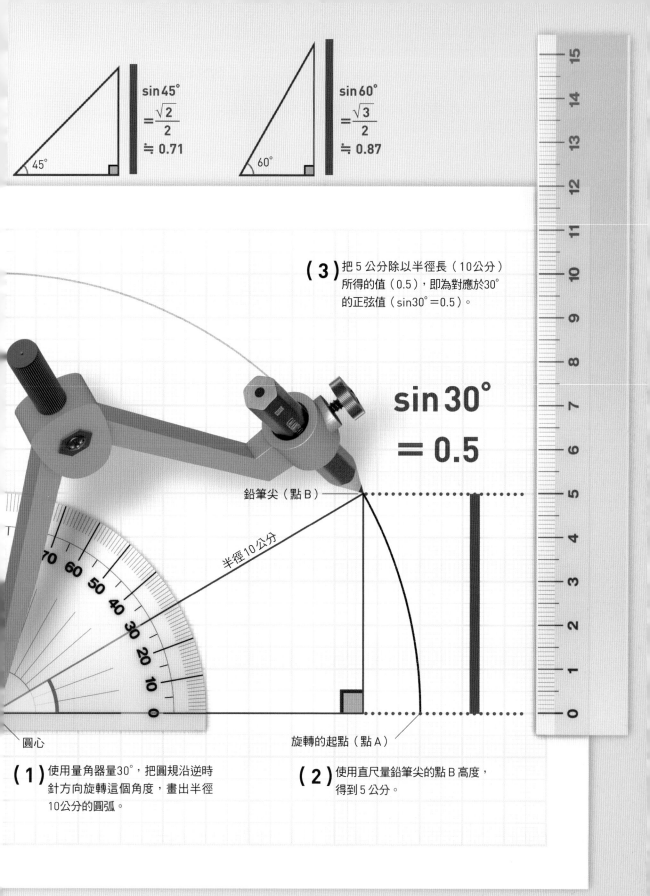

sin 45°
$= \dfrac{\sqrt{2}}{2}$
$\fallingdotseq 0.71$

45°

sin 60°
$= \dfrac{\sqrt{3}}{2}$
$\fallingdotseq 0.87$

60°

(3) 把5公分除以半徑長（10公分）所得的值（0.5），即為對應於30°的正弦值（sin30°＝0.5）。

sin 30°
= 0.5

鉛筆尖（點B）

半徑10公分

70 60 50 40 30 20 10 0

圓心

旋轉的起點（點A）

(1) 使用量角器量30°，把圓規沿逆時針方向旋轉這個角度，畫出半徑10公分的圓弧。

(2) 使用直尺量鉛筆尖的點B高度，得到5公分。

正弦的值在此時發揮作用！

把太陽能發電板安裝成理想的傾斜角度

在什麼樣的情況下會需要用到正弦值呢？

例如，在安裝太陽能發電板的時候，就能派上用場了。安裝時需要傾斜一個角度，盡可能讓正面接收到越多陽光。陽光照射地面的角度（太陽仰角），通常緯度越高則越小，緯度越低則越大。因此，一般會依據地區的緯度，來決定太陽能發電板的裝設傾斜角度。在日本的東京（北緯36度），太陽能發電板最好朝向南方，正面傾斜於地面30°左右。

地球的自轉軸

高緯度

中緯度

使太陽能發電板垂直於入射陽光的傾斜角度（緯度越高，角度越大）

低緯度

利用正弦，聰明地安裝太陽能發電板

太陽能發電板的適當安裝角度依緯度而有不同。只要知道對應於該角度的正弦值，就能得知支柱要多長，才可使太陽能發電板傾斜成這個角度。

如果想把縱長1公尺的太陽能發電板傾斜30°，那背面上方垂直於地面的支柱（右圖），要幾公尺才夠長呢？

這時就會用到正弦的值。對應於30°的正弦值（sin30°）為0.5。也就是說，當太陽能發電板的縱長為1公尺的話，把它乘上0.5所得到的「0.5公尺」就是支柱的長度。只要準備0.5公尺長的支柱，就可以把太陽能發電板傾斜成30°（[斜邊長]×sin θ＝[高]，參照右圖）。

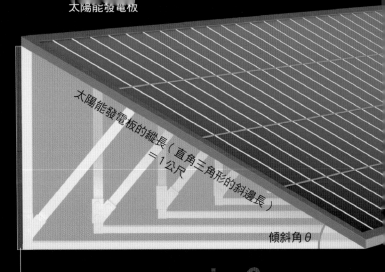

太陽能發電板

太陽能發電板的縱長（直角三角形的斜邊長）＝1公尺

傾斜角 θ

支柱的長度（直角三角形的高）＝ $\sin\theta$ 公尺

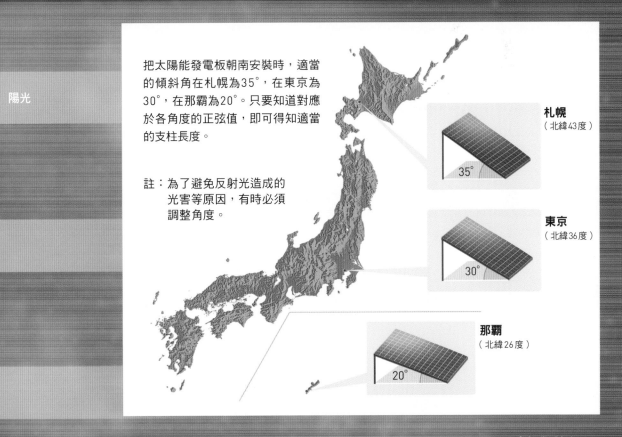

陽光

把太陽能發電板朝南安裝時，適當的傾斜角在札幌為35°，在東京為30°，在那霸為20°。只要知道對應於各角度的正弦值，即可得知適當的支柱長度。

註：為了避免反射光造成的光害等原因，有時必須調整角度。

札幌
（北緯43度）
35°

東京
（北緯36度）
30°

那霸
（北緯26度）
20°

第二個三角函數「餘弦」

用圓規和直尺，測量「餘弦」的值吧！

餘弦的英文為cosine，數學上使用的符號為cos，讀作可賽因。和正弦一樣，必須先給定一個角度，才能決定對應於該角度的餘弦值。

對應於右圖直角三角形的角度θ，餘弦值記為cos θ，定義為「直角三角形的底邊長除以斜邊長所得的值」。設斜邊長為 1，則底邊長即為cos θ 的值。或是把斜邊長乘上cos θ，就等於底邊長。

我們來實際測量一下「對應於30°的餘弦值」吧！假如要畫一個半徑10公分的圓，把圓規從位於水平方向的點（旋轉的起始點 A）沿逆時針方向旋轉30°。然後，量一下鉛筆尖在點B和圓心之間的橫向距離（綠粗線）。測量的結果，應該大概是8.7公分。把它除以半徑的長度，得到的商「約0.87」就是對應30°的餘弦值（cos30° = $\frac{\sqrt{3}}{2}$ ≒ 0.87）。

如何使用圓規和直尺量餘弦的值？

使用圓規和直尺測量餘弦值的方法如右圖所示。設直角三角形其中一個非直角的角度為θ，則［底邊長］÷［斜邊長］即為cos θ（下圖）。

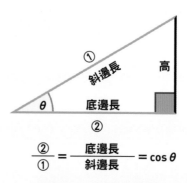

$$\frac{②}{①} = \frac{底邊長}{斜邊長} = \cos θ$$

斜邊長 × cos θ = 底邊長

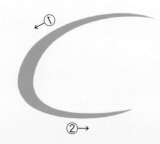

餘弦的分母→分子的順序，與書寫體「c」的筆順相同。

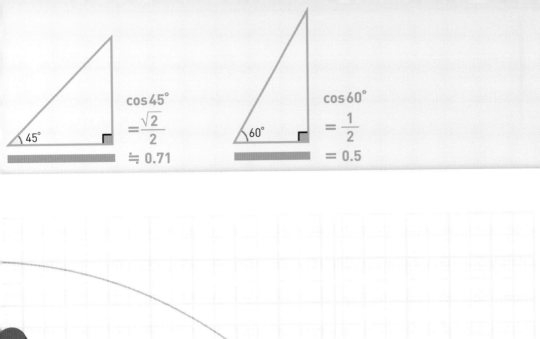

$$\cos 45° = \frac{\sqrt{2}}{2} \fallingdotseq 0.71$$

$$\cos 60° = \frac{1}{2} = 0.5$$

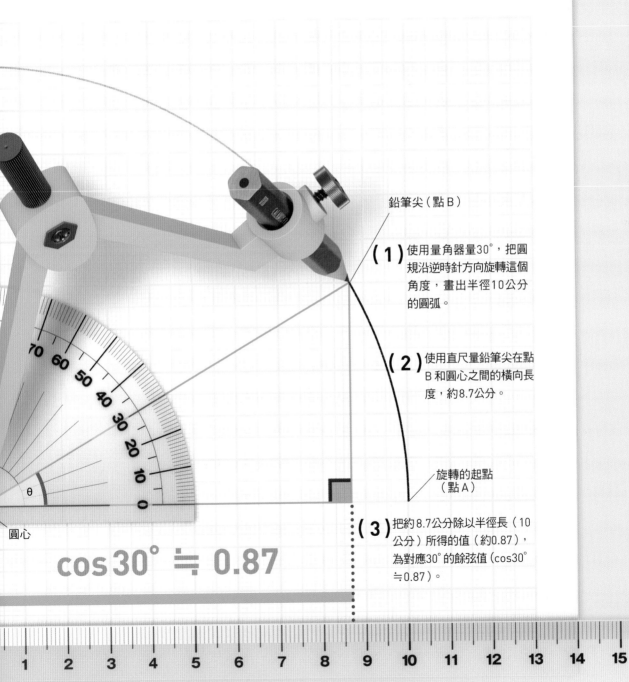

鉛筆尖（點 B）

（1） 使用量角器量30°，把圓規沿逆時針方向旋轉這個角度，畫出半徑10公分的圓弧。

（2） 使用直尺量鉛筆尖在點B和圓心之間的橫向長度，約8.7公分。

旋轉的起點（點 A）

（3） 把約8.7公分除以半徑長（10公分）所得的值（約0.87），為對應30°的餘弦值（cos30°≒0.87）。

θ

圓心

$$\cos 30° \fallingdotseq 0.87$$

歷史上哪一位人物活用了餘弦？

隨身攜帶三角函數表的伊能忠敬

日本江戶時代的地圖測繪家伊能忠敬（1745～1818），在沒有GPS而且三角測量的相關知識也還沒傳入日本前，就繪製了相當正確的日本地圖。協助他完成這一項偉業的得力助手，就是三角函數。

伊能忠敬徒步走遍全日本各地，秉持著堅強的毅力，不停測量兩個地點之間的距離。測量距離時，他不是依據走路的步數做換算，而是用繩子和鐵鍊做正確的測量。碰到傾斜的地方，伊能忠敬便利用餘弦來測量距離。他隨身攜帶一份稱為

利用餘弦值，把斜面的距離換算成水平距離

利用餘弦值，可以把在斜坡所測量到的斜面距離，換算成水平距離。伊能忠敬在巡走全日本各地的時候，總是隨身攜帶這份換算所需的三角函數表。

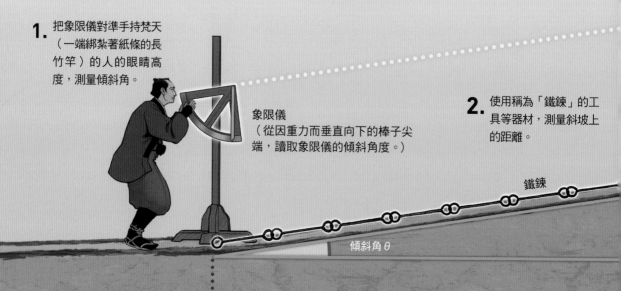

1. 把象限儀對準手持梵天（一端綁紮著紙條的長竹竿）的人的眼睛高度，測量傾斜角。

象限儀
（從因重力而垂直向下的棒子尖端，讀取象限儀的傾斜角度。）

2. 使用稱為「鐵鍊」的工具等器材，測量斜坡上的距離。

鐵鍊

傾斜角 θ

「八線表」的文件，這個一覽表就記載了現在所說正弦、餘弦、正切等三角函數的值。

在斜坡所測量到的兩點距離，即相當於直角三角形的斜邊長。伊能忠敬使用稱為「象限儀」的器材測量傾斜的角度，再從八線表中找到對應於這個角度的餘弦值。把這個值乘上斜面的長度，就能求得水平距離，也就是地圖上的距離（[斜邊長]×cos θ＝[水平距離]，參照下圖）。

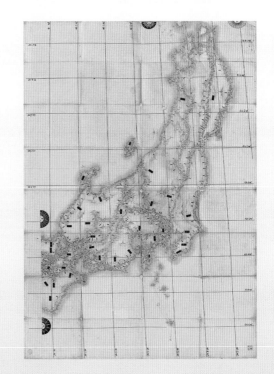

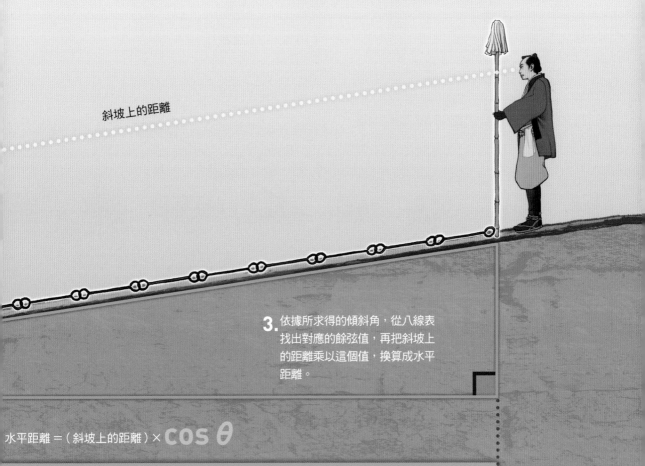

斜坡上的距離

3. 依據所求得的傾斜角，從八線表找出對應的餘弦值，再把斜坡上的距離乘以這個值，換算成水平距離。

水平距離＝（斜坡上的距離）× **cos** θ

第三個三角函數「正切」

用圓規和直尺，測量「正切」的值吧！

正切的英文為tangent（切線的意思），數學上使用的符號為tan，讀作田俊。和正弦、餘弦一樣，必須先給定一個角度，才能決定對應於該角度的正切值。

對應於右圖直角三角形的角度 θ，正切值記為 tan θ，定義為「將直角三角形的高，除以底邊長所得的值」。設底邊長為 1，則高即為 tan θ 的值。

我們來實際測量一下「對應於 30°的正切值」吧！它的測量方法和正弦及餘弦有點不太一樣哦！

使用圓規畫一個半徑10公分的圓弧，在旋轉到30°的時候，於鉛筆尖處做一個記號。接著從圓心畫一條直線通過這個記號，超出圓弧到開始點的正上方為止。然後，測量這條直線的終點到圓弧開始點的高度。測量的結果，應該大約是5.8公分。把它除以半徑的長度，得到的商「約0.58」就是對應30°的正切值（$\tan 30° = \frac{1}{\sqrt{3}} ≒ 0.58$）。

如何使用圓規和直尺量正切的值？

使用圓規和直尺測量正切值的方法如右圖所示。設直角三角形其中一個非直角的角度為 θ，則 [高] ÷ [底邊長] 即為 tan θ（下圖）。

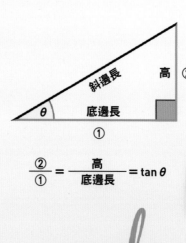

$$\frac{②}{①} = \frac{高}{底邊長} = \tan θ$$

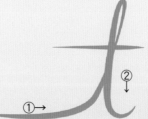

正切的分母→分子的順序，與書寫體「t」的筆順相同。

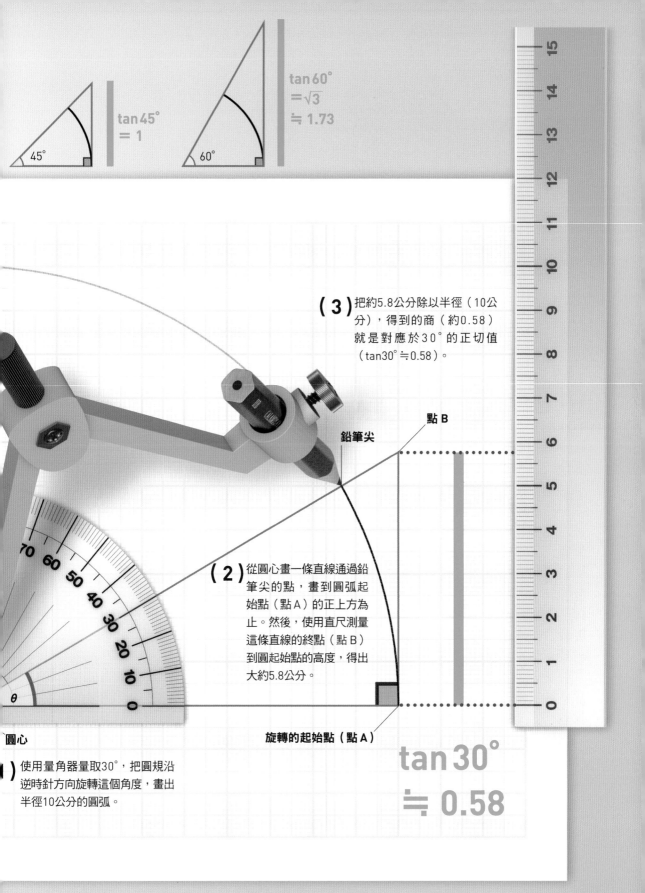

tan 45° = 1

tan 60° = √3 ≒ 1.73

（3）把約5.8公分除以半徑（10公分），得到的商（約0.58）就是對應於30°的正切值（tan30°≒0.58）。

點 B

鉛筆尖

（2）從圓心畫一條直線通過鉛筆尖的點，畫到圓弧起始點（點A）的正上方為止。然後，使用直尺測量這條直線的終點（點B）到圓起始點的高度，得出大約5.8公分。

圓心

旋轉的起始點（點A）

使用量角器量取30°，把圓規沿逆時針方向旋轉這個角度，畫出半徑10公分的圓弧。

tan 30° ≒ 0.58

交通標誌上也應用了正切的值

斜坡的傾斜度用正切的值來表示

傾斜角 30°

傾斜角 θ

在 營造無障礙社會這方面，正切值具有重大的意義。台灣依「建築物無障礙設施設計規範」，規定坡道的坡度須在「$\frac{1}{12}$ 以下」。這個 $\frac{1}{12}$ 的坡度，是指高度 1 對水平方向長度12的傾斜度大小。這個值，其實就是正切值。

具體而言，正切值 $\frac{1}{12}$ 的角度有多大呢？這個時候，就必須動用第76頁的三角函數表了。把 $\frac{1}{12}$ 換算成小數約為0.0833，$\tan 4° \fallingdotseq 0.0699$，$\tan 5° \fallingdotseq 0.0875$，因此，所求的角度即介於4°至5°之間（比較精確的角度約為4.8°）。也就是說，輪椅用的坡道必須比這個角度更平緩才行。或許有些人曾經在斜坡的前方看過「10%」之類的道路標誌，這個「10%」就是正切值。

輪椅用的坡道，傾斜角的正切值必須在「$\frac{1}{12}$」以下

輪椅用的坡道坡度（傾斜角的正切值），依規定必須在 $\frac{1}{12}$ 以下。傾斜角越大，與其對應的正切值也越大。

坡度（$\tan 30°$）
$= \dfrac{1}{\sqrt{3}} \fallingdotseq 0.58$

上方照片為車站大樓內的輪椅用
坡道。它的坡度（傾斜角的正切
值）依規定必須在$\dfrac{1}{12}$以下。右邊
道路標誌上的10%（0.1），表示
出斜坡的坡度值，與傾斜角的正
切值一致。

$\tan\theta$

坡度（$\tan 4.8°$）
$\fallingdotseq \dfrac{1}{12}$
$\fallingdotseq 0.0833$

傾斜角4.8°

正弦和餘弦是「表裡的關係」

連結正弦和餘弦的密切關係是什麼？

正弦、餘弦、正切等三角函數之間，其實存在著不可思議的密切關係。讓我們一起來看看吧！

下方直角三角形ABC之中，角C為90°的直角，它所面對的邊AB稱為「斜邊」。而角B所面對的邊AC，稱為角B的「對邊」，剩下的邊BC稱為角B的「鄰邊」。因為三角形的內角和為180°，因此在這個直角三角形中，就有兩個角不是直角，加起來要是90°。設其中一個

直角三角形ABC中，角C為直角，設角B為θ，則對角B而言，斜邊為AB，對邊為AC，鄰邊為BC。

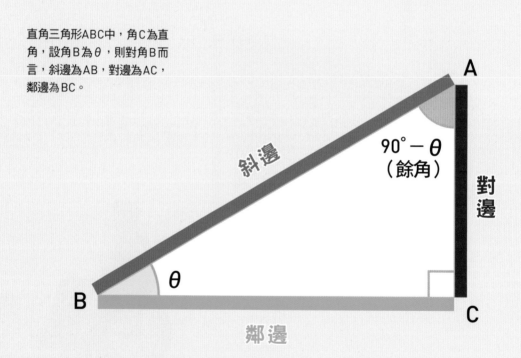

$$\sin\theta = \frac{對邊}{斜邊} = \frac{AC}{AB}$$

角為 θ，則另一個角即為（90°—θ），這兩個角互為對方的「餘角」。

事實上，一個角的「正弦值」就是它「餘角的餘弦值」。也就是說 sin θ ＝cos（90°—θ），相反地，sin（90°—θ）＝cos θ（下圖）。

直角三角形ABC中，角C為直角，設角B為 θ，則角A為「90°—θ」。對角A而言，斜邊為AB，對邊為BC，鄰邊為AC

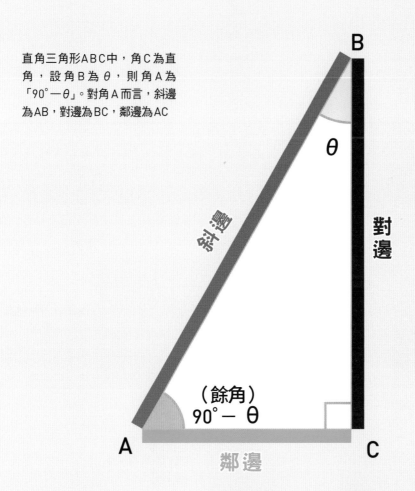

$$\cos(90° - \theta) = \frac{鄰邊}{斜邊} = \frac{AC}{AB} = \sin\theta$$

「畢氏定理」把正弦和餘弦連結在一起

正弦的平方加餘弦的平方等於1

正弦和餘弦之間存在著更深的關係，也就是我們在第12頁所介紹的「畢氏定理」。

畢氏定理在直角三角形成立，所以正弦的平方加上餘弦的平方必定等於1（下圖）。這也是連結正弦和餘弦的重要關係。

例如，$\sin 30°$為$\frac{1}{2}$，所以$\sin 30°$的平方（記成$\sin^2 30°$）$=(\frac{1}{2})^2=\frac{1}{4}$。$\cos 30°$為$\frac{\sqrt{3}}{2}$，所以$\cos 30°$的平方（記成$\cos^2 30°$）$=(\frac{\sqrt{3}}{2})^2=\frac{3}{4}$。把

$$\sin\theta \times \sin\theta = \sin^2\theta$$

$$\cos\theta \times \cos\theta = \cos^2\theta$$

$\sin^2 30°$ 和 $\cos^2 30°$ 相加，$\frac{1}{4} + \frac{3}{4} = \frac{4}{4} = 1$。

三角函數的重要公式 ②

$$\sin^2 \theta + \cos^2 \theta = 1$$

畢氏定理如何應用於三角函數？

斜邊為 1 的直角三角形，高為 $\sin \theta$，底邊長為 $\cos \theta$。根據畢氏定理，這個直角三角形成立 $\sin^2 \theta + \cos^2 \theta = 1$。另外，$\sin^2 \theta$ 和 $\cos^2 \theta$ 分別是「$\sin \theta$ 的平方」和「$\cos \theta$ 的平方」的意思。

$$\sin^2 \theta + \cos^2 \theta = 1$$

正弦、餘弦和正切可以連為一體！

只要知道sin、cos或tan其一，就能知道其他兩個。

正切、正弦和餘弦之間具有密切的關係。

如下圖所示的直角三角形ABC中，設角B的大小為θ，斜邊長為1，則對邊長為$\sin\theta$，鄰邊長為$\cos\theta$。因為正切的定義為$\frac{對邊}{鄰邊}$，所以成立以下的關係：

三角函數的重要公式 ③

$$\tan\theta = \frac{\sin\theta}{\cos\theta}$$

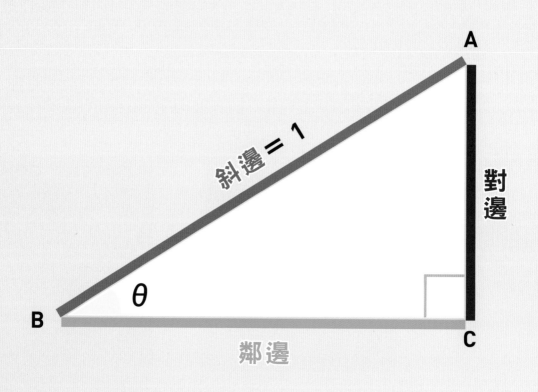

這個公式是把正切轉換成正弦和餘弦的重要公式。把這個公式和前面提到的「$\sin^2\theta + \cos^2\theta = 1$」組合起來，則0°到90°以內的角度，只要知道正弦、餘弦和正切其中任一個的值，就能導出另外兩個的值。

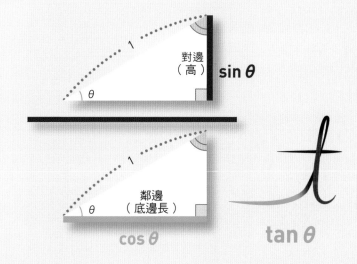

如何用正弦和餘弦表示正切？

斜邊長為 1 時，直角三角形的對邊（高）為 $\sin\theta$，鄰邊（底邊）的長為 $\cos\theta$。因此，$\frac{\sin\theta}{\cos\theta}$ 這個分數就和 $\frac{對邊}{鄰邊}$ 的值一致。而這正是第30頁介紹的正切定義。$\tan\theta = \frac{\sin\theta}{\cos\theta}$ 因此成立。

$$\sin\theta = \frac{對邊}{斜邊} = 對邊$$

$$\cos\theta = \frac{鄰邊}{斜邊} = 鄰邊$$

$$\tan\theta = \frac{對邊}{鄰邊} = \frac{\sin\theta}{\cos\theta}$$

以cos為主角的「餘弦定理」是什麼？

「餘弦定理」是對一切三角形都成立的畢氏定理「延伸版」

從 本頁開始，要介紹幾個使用三角函數的好用定理。所謂的定理，是指像畢氏定理這類，在數學上已經證明了其關係的正確性。

這些運用三角函數的定理之中，有一個「餘弦定理」，顧名思義就是由餘弦擔任主角的定理。設三角形的三個角為 A、B、C，各角的對邊（位於其對面的邊）分別為 a、b、c。而這個三角形ABC，成立以下的關係：

餘弦定理

目前已知的這種餘弦定理，據說是15世紀的波斯天文學家兼數學家阿爾卡西（Jamshīd al-Kāshī，1380～1429）所發現的。角 C 為直角（90°）時，餘弦定理的公式與畢氏定理的公式一致。

$$c^2 = a^2 + b^2 - 2ab \cos C$$

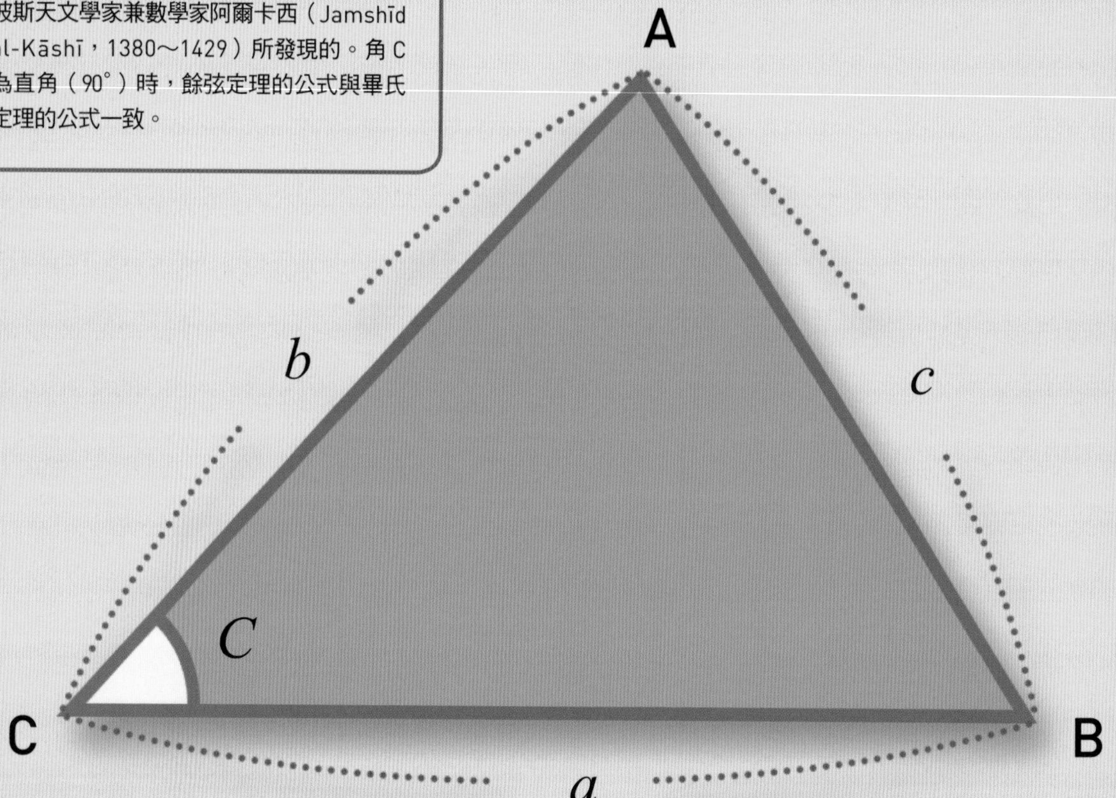

A

b

c

C

C

B

a

三角函數的重要公式 ④ 餘弦定理

$$c^2 = a^2 + b^2 - 2ab \cos C$$
$$a^2 = b^2 + c^2 - 2bc \cos A$$
$$b^2 = a^2 + c^2 - 2ac \cos B$$

設角C為直角，因為cos90°＝0，所以－2ab cos$C$也是0，餘弦定理的第一個公式就變成「$c^2 = a^2 + b^2$」。

此即在直角三角形時會成立的畢氏定理。畢氏定理可說是餘弦定理的特別情況。反之也可以說，餘弦定理不限於直角三角形，而是對一切三角形都成立的畢氏定理延伸版。

餘弦定理的證明有一點複雜，下面僅以「105°、45°、30°」的三角形ABC為例，證明餘弦定理對這個三角形成立，請一起來看看吧！

下方的三角形ABC中，已知三個角的大小和 c 的長度，但不知道 a 和 b 的長度（①）。因此，從頂點 A 作對邊BC的垂線，與BC交於點D。如此一來，利用在正弦、餘弦的頁面所求的 $\sin 30° = \frac{1}{2}$，$\cos 30° = \frac{\sqrt{3}}{2}$，$\sin 45° (＝\cos 45°) = \frac{\sqrt{2}}{2}$，便可以依照以下的方法，求出所有的邊長（②）。

在直角三角形ABD中，$\sin B = \frac{AD}{c}$，$\cos B = \frac{BD}{c}$

所以，$AD = c \times \sin B = 2 \times \frac{1}{2} = 1$，$BD = c \times \cos B = 2 \times \frac{\sqrt{3}}{2} = \sqrt{3}$

在直角等腰三角形ACD中，$\sin C = \frac{AD}{b}$

所以 $b = AD \div \sin C = 1 \div \frac{\sqrt{2}}{2} = \sqrt{2}$，

又，$CD = AD = 1$，所以，$a = BD + CD = 1 + \sqrt{3}$

在此，計算餘弦定理的左項 c^2，則 $c^2 = 4$。便把上面求得的 a 和 b 代入餘弦定理的右項，

則 $a^2 + b^2 - 2ab \cos C = (1+\sqrt{3})^2 + (\sqrt{2})^2 - 2 \times (1+\sqrt{3}) \times (\sqrt{2}) \times \frac{\sqrt{2}}{2}$
$= 1 + 2\sqrt{3} + 3 + 2 - (2 + 2\sqrt{3}) = 4$

亦即，等於 c^2。

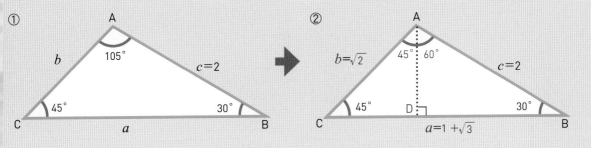

利用餘弦定理求算無法直接測量的距離吧！

只要知道三角形的兩個邊及其夾角，即可得知另一邊！

我們來看看，餘弦定理可以運用在哪些方面吧！

在某地區的地點 A 和 B（參照插圖），想要知道 AB 間的直線距離，但因為中間有障礙物，無法直接測量。不過，通過地點 A 的直線道路和通過地點 B 的直線道路相交於地點 C，已經知道從地點 C 到地點 A 的距離，以及從地點 C 到地點 B 的距離，而且也知道兩條直線道路在地

利用「餘弦定理」求算無法直接測量的距離吧

AC 間的直線距離為 500 公尺，BC 間的直線距離為 800 公尺，兩條直線道路在地點 C 相交，形成 60° 的角。依據這些資訊，應用餘弦定理，即可求得 AB 間的直線距離為 700 公尺。

AB 間距離的求算方法（單位為公尺）

因為 $C = 60°$，所以 $\cos C = \cos 60° = 0.5$。
把 $a = 800$，$b = 500$，$\cos C = 0.5$ 代入餘弦定理的公式，求算欲知的距離 c。

$$c^2 = a^2 + b^2 - 2ab \cos C$$
$$= 800^2 + 500^2 - 2 \times 800 \times 500 \times 0.5$$
$$= 640000 + 250000 - 400000$$
$$= 490000 = 700^2$$
$$c = 700 \text{公尺}$$

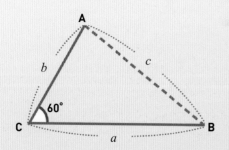

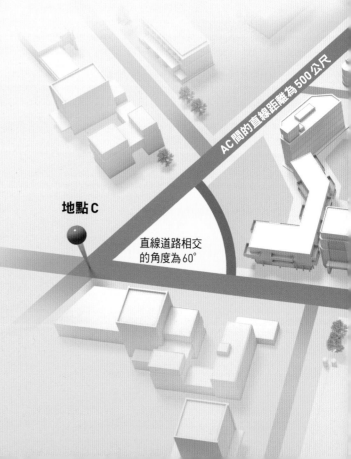

地點 C

直線道路相交的角度為 60°

AC 間的直線距離為 500 公尺

點C相交的角度。只要知道這些資訊，就能運用餘弦定理計算出AB間的直線距離。

在三角形的角A、B、C及各角的對邊 a、b、c 中，如上述範例想要知道的AB間直線距離，就相當於 c 的長度。a 和 b 的長度為已知，由於直線道路相交的角C大小也是已知，所以它的餘弦 $\cos C$ 便可以得知。也就是說，把已經知道的 a、b、$\cos C$ 值代入餘弦定理，即可算出想要知道的 c（的平方）值。

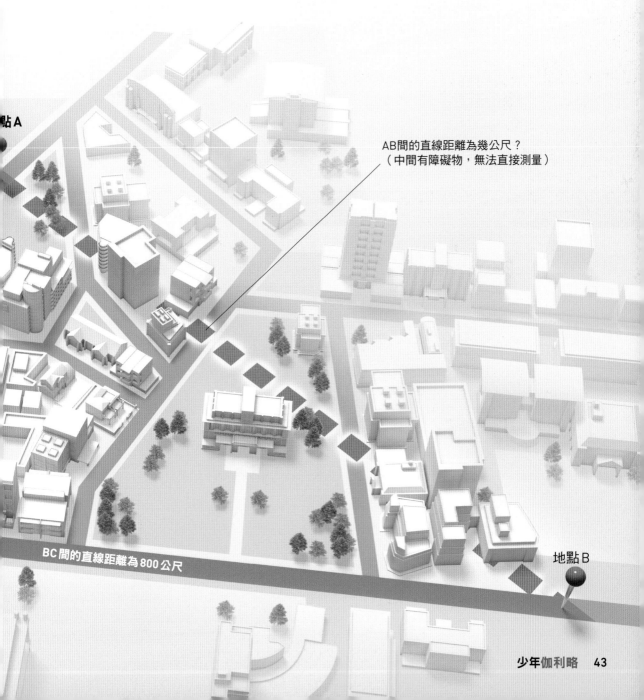

地點A

AB間的直線距離為幾公尺？
（中間有障礙物，無法直接測量）

BC間的直線距離為800公尺

地點B

以sin為主角的「正弦定理」是什麼？

三角形任一角的「對邊長與正弦的比」都相同！

餘弦定理顧名思義，就是以餘弦為主角。同樣地，也有以正弦為主角的定理，那就是「正弦定理」。

在三角形ABC中，角A、B、C的正弦與各角的對邊a、b、c之間，成立以下的關係：

三角函數的重要公式 ⑤ 正弦定理

$$\frac{a}{\sin A} = \frac{b}{\sin B} = \frac{c}{\sin C}$$

正弦定理

正弦定理據說是由10世紀左右的波斯數學家們發現的。設三角形ABC的外接圓半徑為 r，則 $\frac{a}{\sin A} = \frac{b}{\sin B} = \frac{c}{\sin C} = 2r$。

$$\frac{a}{\sin A} = \frac{b}{\sin B} = \frac{c}{\sin C}$$

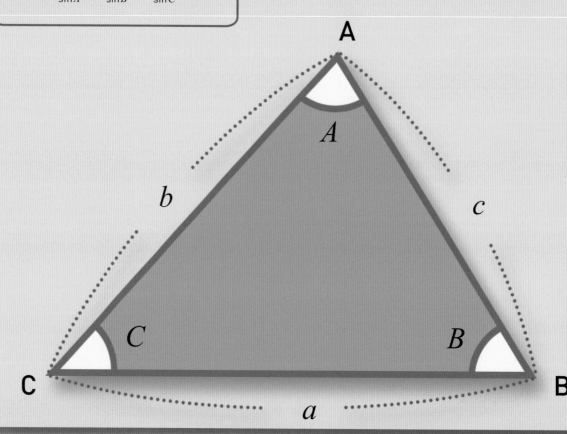

無論三角形有多大、是什麼形狀，這個三角形任一角的「對邊長與正弦的比」都相同。下面是正弦定理的證明過程，一起來了解吧！

首先，在下面的三角形ABC中，從頂點Ａ作一條直線垂直於對邊BC，並與BC相交於點Ｄ。在這裡，注意直角三角形ABD。根據正弦的定義，$\sin B = \dfrac{AD}{c}$。因此，

$$AD = c \sin B \cdots\cdots ①$$

接著，注意直角三角形ACD。根據正弦的定義，$\sin C = \dfrac{AD}{b}$。因此，

$$AD = b \sin C \cdots\cdots ②$$

由①和②，可以得出 $c \sin B = b \sin C$，再把這個式子變形一下，就成為 $\dfrac{b}{\sin B} = \dfrac{c}{\sin C}$

同樣地，從頂點Ｂ作一條直線垂直於對邊AC，則可得 $\dfrac{a}{\sin A} = \dfrac{c}{\sin C}$。

整理後可得

$$\frac{a}{\sin A} = \frac{b}{\sin B} = \frac{c}{\sin C}$$

由此可證，正弦定理成立。

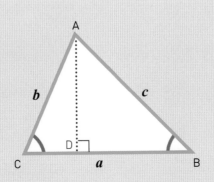

在天文學中應用廣泛的正弦定理

地球與遙遠天體間的距離，也可以用「正弦定理」算出來

和餘弦定理一樣，三角形之中如果有無法測量長度的邊，也可以運用正弦定理，從其他角的大小及邊的長度，算出它的長度。

例如，距離地球十分遙遠的天體，如何得知它與地球的距離呢？

想像一個把夏天的地球、冬天的地球、天體這 3 個點連接而成的三角形（參照插圖）。夏天的地球和冬天的地球所連成的這個長度，就是地球的公轉軌道直徑，這是已經知道的值。而依據夏天和冬天分別從地球上觀測到的天體方向，可以

在太空中製造一個巨大的三角形，即可得知天體與地球的距離。

本圖所示為夏天的地球、冬天的地球以及想要知道距離的天體，這三者連接而成的巨大三角形。根據觀測得到的角，還有已知長度的邊（連接夏天的地球及冬天的地球的邊），即可運用正弦定理，算出該天體與地球的距離[※]。

※：從地球上看到的天體方向，與從太陽看到該天體方向的差異（角度）稱為「周年視差」。離地球越遠的天體，它的周年視差與距離成反比，會越來越小。利用這個原理，就可以運用正弦定理，從周年視差直接算出非常遙遠的天體與地球之間的距離（近似值）。

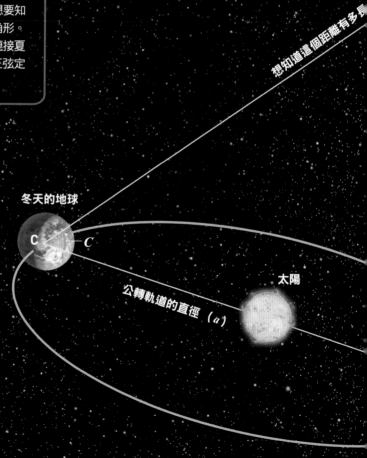

想知道這個距離有多長

冬天的地球

C — C

太陽

公轉軌道的直徑（a）

得知三角形各個角的大小。把這些
值代入正弦定理的公式，即可算出
實際上無法直接測量的天體與地球
的距離。

A

**想要知道此天體
與地球的距離**

A

B

B

夏天的地球

天體與地球間的距離求法

設天體的位置、夏天的地球、冬天的地球分別為 A、B、C，各對邊分別為 a、b、c
且 a 為地球的公轉軌道的直徑。設想要知道的距離為 b，則根據正弦定理，成立
$\frac{a}{\sin A} = \frac{b}{\sin B}$ 只要觀測到 A 和 B 的角度，即可利用 $b = a \times \frac{\sin B}{\sin A}$ 計算出想要知道
的距離。

得知兩個角度之和或差之三角函數的「和角公式」

希臘的天文學家所發現的定理

最後，介紹「和角公式」。這個定理稍微複雜一點，但可利用下列公式來表示：

三角函數的重要公式 ⑥ 和角公式

$\sin(\alpha+\beta)=\sin\alpha\cos\beta+\cos\alpha\sin\beta$

$\sin(\alpha-\beta)=\sin\alpha\cos\beta-\cos\alpha\sin\beta$

$\cos(\alpha+\beta)=\cos\alpha\cos\beta-\sin\alpha\sin\beta$

$\cos(\alpha-\beta)=\cos\alpha\cos\beta+\sin\alpha\sin\beta$

運用和角公式，可由兩個角 α 和▶

用圖學習和角公式

將兩個角度相加的三角函數計算公式，就稱為「和角公式」。參考右邊這樣的梯形圖案會比較好理解。首先，梯形左側的邊長為 1，再將其左下的角分別做出 α、β 兩個角。因此，梯形的各邊長就可以像左頁圖所示，用三角函數 $\sin\alpha$、$\cos\beta$ 等來表示。

求得梯形各邊的長度後，就可計算出右頁圖中深藍色三角形的邊長。因為梯形左側邊長為 1，只要特別注意左下角度為（$\alpha+\beta$），就可以知道深藍色三角形的縱邊長為 $\sin(\alpha+\beta)$，橫邊長為 $\cos(\alpha+\beta)$。

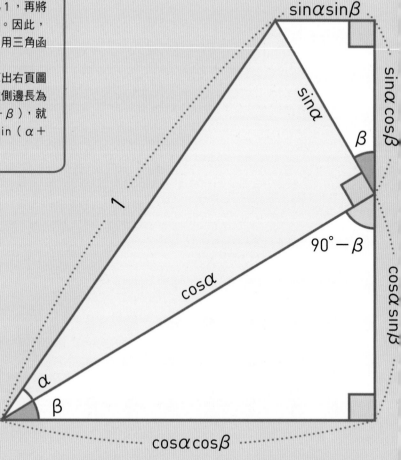

β的正弦和餘弦，得知角（α＋β）和角（α－β）的正弦和餘弦。例如，如果知道對應於1°之正弦和餘弦的值，則sin2°。的值可依sin2°＝sin（1°＋1°）＝sin1°×cos1°＋cos1°×sin1°的式子求得。依照相同的方法，也可以求得sin3°，sin4°……。

據說和角公式是由希臘天文學家托勒密（Claudius Ptolemy，約83～約168）所發現，他利用本質上與和角公式相同的方法，編出以0.5°為間隔的「弦表」（三角函數表）。

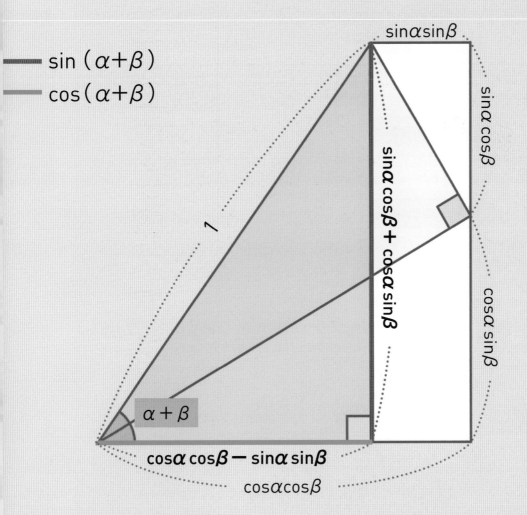

— sin（α＋β）
— cos（α＋β）

sinα sinβ

sinα cosβ

sinα cosβ＋cosα sinβ

cosα sinβ

1

α＋β

cosα cosβ － sinα sinβ

cosα cosβ

發現「和角公式」的托勒密

托勒密是古希臘時代活躍於埃及的亞歷山卓一帶的代表性學者，他彙整了「天動說」（地心說）的各種理論，編撰《天文學大成》（Almagest）因而聲名大噪。直到16世紀波蘭天文學家哥白尼（Nicolaus. Copernicus，1473～1543）提出「地動說」（日心說）、丹麥天文學家布拉赫（Tycho Brahe，1546～1601）進行精密的天文觀測為止，《天文學大成》在這1500年間，都是天文學必備的教科書。

觀察水星、金星、火星等行星，會發現它們平常雖然沿著固定方向繞轉，但有時候會短暫朝相反的方向移動。這種現象稱為「逆行」。古希臘的天文學家為了解答行星逆行的原因，傷透了腦筋。

因此，托勒密引進了「本輪」（周轉圓）的概念，根據天動說圓滿說明了行星的逆行（右圖）。就這樣，天動說在1500年間被人們堅信不疑。

托勒密在數學領域也留下了許多功績。其中最有名的一項就稱為「托勒密定理」（右上圖），亦即「設有一圓內接四邊形ABCD，不論四邊形的形狀為何，『AC×BD＝AB×DC＋BC×AD』此關係皆可成立」。

托勒密從這個定理導出了本質上與三角函數的和角公式相同的結論。

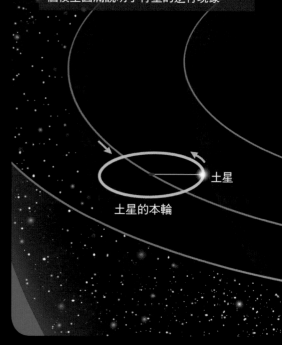

托勒密的天動說
天動說也稱為「地心說」，主張地球位於宇宙的中心，太陽及眾行星環繞著地球運行。托勒密認為，太陽及行星在各自的「本輪」（周轉圓）上繞轉，而各個周轉圓的中心又是在以地球為中心的各自「均輪」（導圓）上繞轉，依據這個模型圓滿說明了行星的逆行現象。

土星

土星的本輪

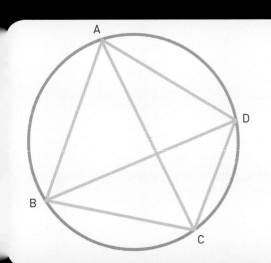

托勒密定理

設有一圓內接四邊形ABCD，無論它是什麼樣的
四邊形，以下的關係皆成立：

$$AC \times BD = AB \times DC + BC \times AD$$

這個等式就稱為「托勒密定理」。

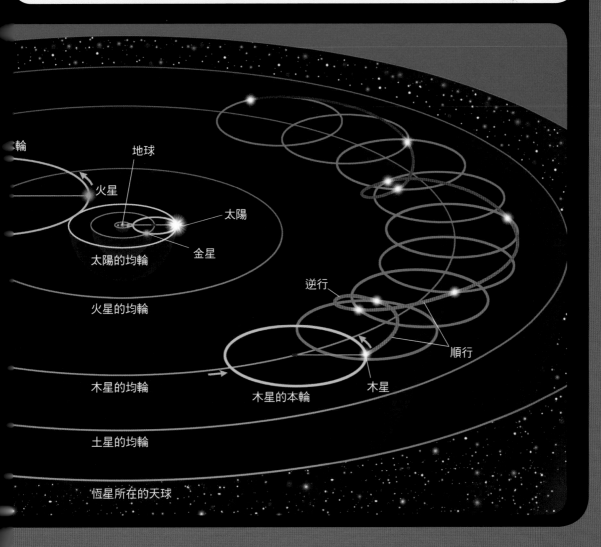

輪

地球

火星

太陽

金星

太陽的均輪

火星的均輪

逆行

順行

木星的均輪

木星的本輪

木星

土星的均輪

恆星所在的天球

三角函數用「圓」來思考更容易理解！

用「圓」來學習三角函數吧！

截至目前為止，都是把三角函數當做「直角三角形的三邊比（三角比）」來思考。由於直角三角形的角度都在90°以下，所處理的角度僅限於0°到90°之間。那要怎麼做，才能把三角函數從這個框架範圍解放出來呢？

如下圖所示，把直角三角形ABC的斜邊AB長度固定為1，接著來改變斜邊的角度，按頂點A描繪出的軌跡，畫成一個半徑為1的圓弧。

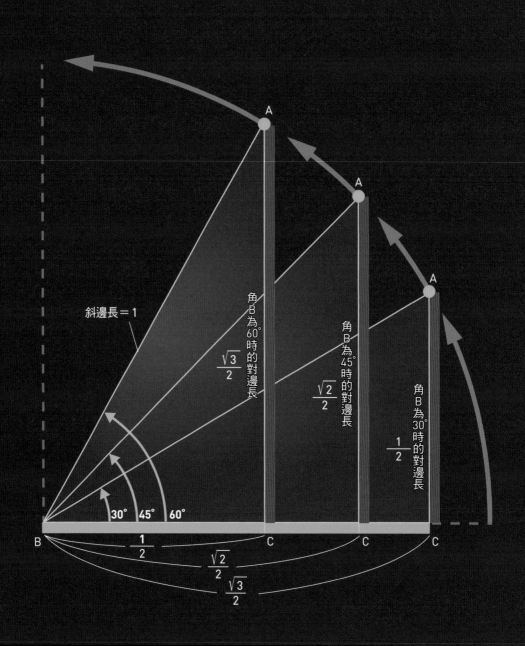

斜邊長＝1

角B為60°時的對邊長 $\frac{\sqrt{3}}{2}$

角B為45°時的對邊長 $\frac{\sqrt{2}}{2}$

角B為30°時的對邊長 $\frac{1}{2}$

30° 45° 60°

B

$\frac{1}{2}$

$\frac{\sqrt{2}}{2}$

$\frac{\sqrt{3}}{2}$

C C C

A A A

在這裡，我們要把思考從直角三角形切換到圓。半徑為 1 的圓稱為「單位圓」。以單位圓的圓心為原點，從原點沿水平方向延伸的軸稱為 x 軸，從原點沿垂直方向延伸的軸稱為 y 軸。

接著，假設有一個點 P，從點（1,0）出發，在單位圓上沿著逆時針方向旋轉。這麼一來，當旋轉的角度為 θ 時，點 P 的 x 軸座標即為 $\cos\theta$，y 座標即為 $\sin\theta$。

如何利用圓為三角函數下定義？

以原點 O（0,0）為圓心且半徑為 1 的圓稱為「單位圓」，其上的點 P，從點（1,0）開始，在單位圓上沿逆時針方向旋轉。當旋轉的角度為「θ」時，點 P 的座標即為（$\cos\theta, \sin\theta$）。

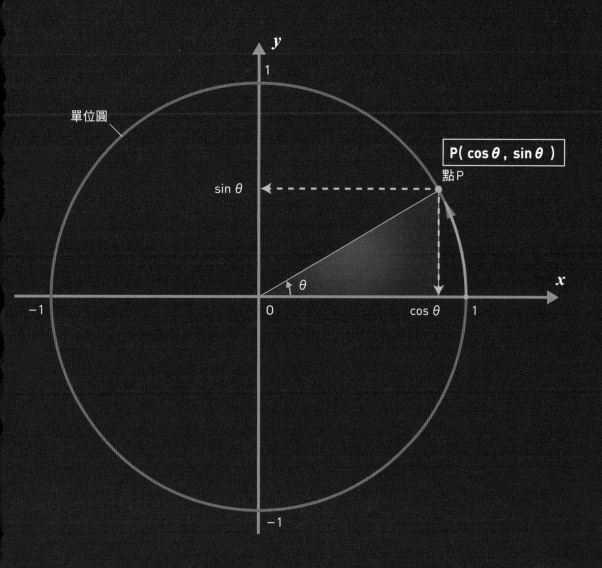

把三角函數從直角三角形的框架解放出來！

三角函數也能運用在90°以上的角及負的角！

利用單位圓來為三角函數下定義，究竟有什麼好處呢？事實上，這樣的定義可以把三角函數從直角三角形的框架中解放出來，將它運用在「90°以上的角度」及「負的角度」。

現在來求算150°的正弦值和餘弦值吧！如圖1所示，點P旋轉150°時的位置，和旋轉30°時的位置，相對於 y 軸左右相反。而這個位置為（ $-\frac{\sqrt{3}}{2}$, $\frac{1}{2}$ ），所以cos150°

1。150°的正弦和餘弦是多少？

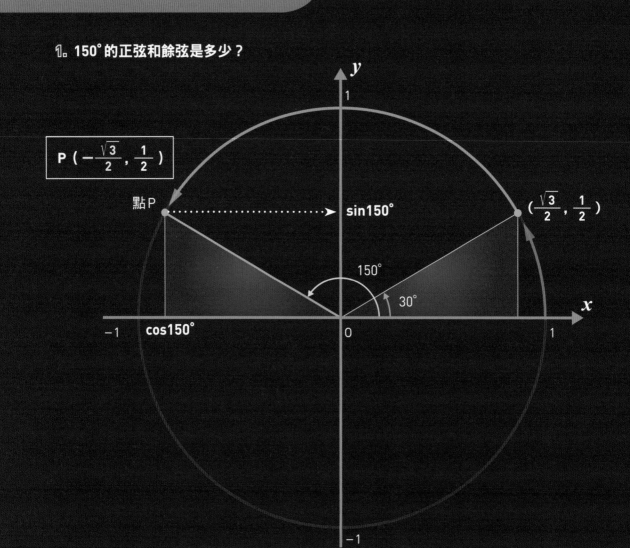

$=-\cos30°=-\frac{\sqrt{3}}{2}$，便能得知 $\sin150°=\sin30°=\frac{1}{2}$。

接著，我們來試算負角度的正弦值和餘弦值吧！所謂負的角度，是指從點（1，0）沿順時針方向旋轉的角度。如圖2所示，點P'旋轉－30°時的位置，和旋轉30°時的位置相對於 x 軸上下相反。這個位置為（$\frac{\sqrt{3}}{2}$，$-\frac{1}{2}$），所以cos（－30°）$=\cos30°=\frac{\sqrt{3}}{2}$，便可得知sin（－30°）$=-\sin30°=-\frac{1}{2}$。

同理可知，單位圓上所有點的座標，只需$\pm\cos\theta$和$\pm\sin\theta$（0°＜θ＜90°）即可簡單地表示出來。

2. －30°的正弦和餘弦是多少？

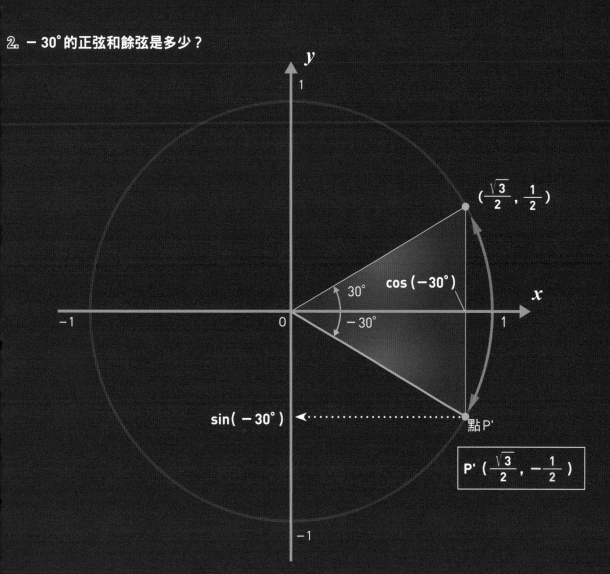

角度可以用「圓弧的長度」來表示

我們已經可以把單位圓中的 x 座標定義為餘弦，把 y 座標定義為正弦。同樣地，角度也可使用單位圓來表示，那就是「弧度法」。

弧度法是把角度以「形成該角度的單位圓的圓弧長度」來表示。圓周的長度可以用「直徑×圓周率」來求得。半徑為 1 的單位圓，直徑為 2，所以圓周長為 2π（π 為圓周

弧度法的定義

弧度法是在半徑為 1 的單位圓中，制定「圓心角＝造出該圓心角的圓弧長度」的方法。圓弧的長度與圓的半徑成正比，所以若使用弧度法，通常會成立「半徑×圓心角＝造出該圓心角的圓弧的長度」。

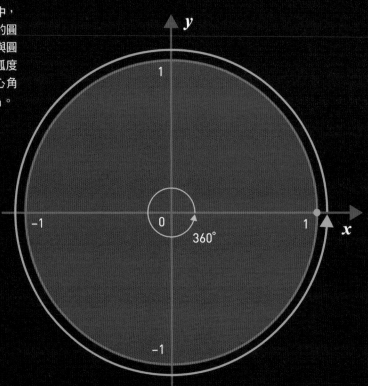

圓周的長度為 2π，
所以
$360° = 2\pi$ 弳。

率，$\pi = 3.14\cdots\cdots$）。

　　弧度法是把360°這個角度用「2π」來表示。在這個時候，角度的單位不再是「度（°）」（degree），而是改用「弳」（radian）。也就是說，360°就是「2π 弳」。

　　那麼，如果把60°用弧度法來表示，會變成什麼呢？在單位圓中，圓心角為60°的扇形弧長為$2\pi \times \frac{60°}{360°} = \frac{\pi}{3}$，所以60°就變成「$\frac{\pi}{3}$ 弳」。

　　在本書中沒有詳細地說明，不過以後若有機會學到，在對三角函數做「微分、積分」這種操作時，把角度改用弧度法來表示，會比較合適。

把「60°」用弳來表示會變成什麼？

圓弧長為 $2\pi \times \frac{60°}{360°} = \frac{\pi}{3}$

所以

$60° = \frac{\pi}{3}$ 弳。

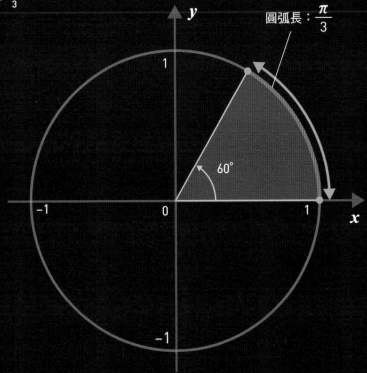

圓弧長：$\frac{\pi}{3}$

把正弦的變化畫成圖形會變成「波」！

用「波」的形狀表示高度的變化

三角函數不僅和三角形、圓及旋轉有關，事實上，它和「波」也有密切關係。這究竟是怎麼一回事呢？

下方插圖所示為單位圓（半徑為1的圓）的角度逐漸增大時，正弦值形成的變化圖。

對應於0°的正弦值（sin0°）為0。像sin30°$=\frac{1}{2}=0.5$，sin60°$=\frac{\sqrt{3}}{2}≒0.87$，當角度逐漸增大時，正弦值就會逐漸增加。角度轉到90°時，正弦值增加至1；當超過90°

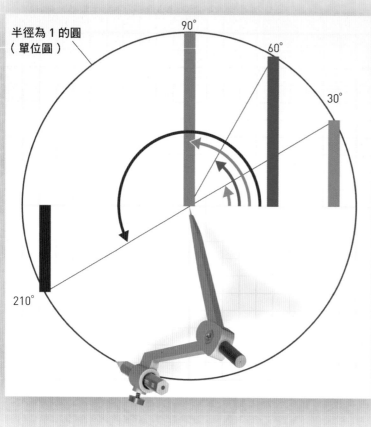

半徑為1的圓（單位圓）

90°

60°

30°

210°

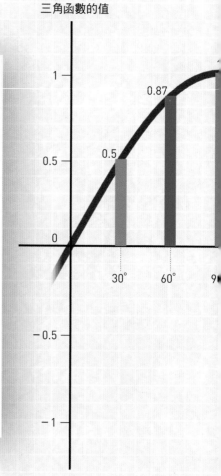

三角函數的值

1

0.87

0.5

0

30°   60°   9

−0.5

−1

時，正弦值就會逐漸減少；轉到180°時，正弦值減少至 0。

　　如果繼續旋轉超過180°，點（圓規的鉛筆尖）的位置就會低於圓心（在 x 軸下方），故正弦值會變為負值。轉到270°時，正弦值為一1。轉到360°（一圈）時，正弦值又回復為 0。

　　以正弦值為縱軸，以角度為橫軸，把這個變化畫成圖形，就成為「波」。

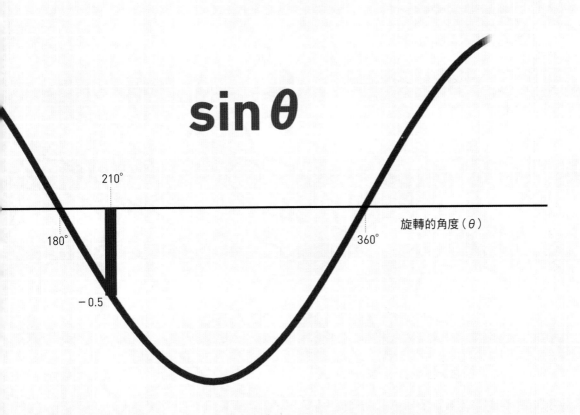

sin θ

210°

180°

−0.5

旋轉的角度（θ）

360°

餘弦的圖形也同樣是「波」！

餘弦的波形狀也和正弦的波相同！

下方插圖為單位圓（半徑為 1 的圓）的角度逐漸增大時，餘弦值形成的變化圖。

因為對應於0°的餘弦值（cos0°）為 1。像cos30° $= \frac{\sqrt{3}}{2} \fallingdotseq 0.87$，cos60° $= \frac{1}{2} = 0.5$這樣，當角度逐漸增大時，餘弦值就會逐漸減少。角度增大到90°時，餘弦值會減少到 0；當旋轉超過90°時，點（圓規的鉛筆尖）的位置跑到圓心左邊（在 y 軸的左方），餘弦值就會變為負值；轉到180°時，餘弦值為一1，轉到

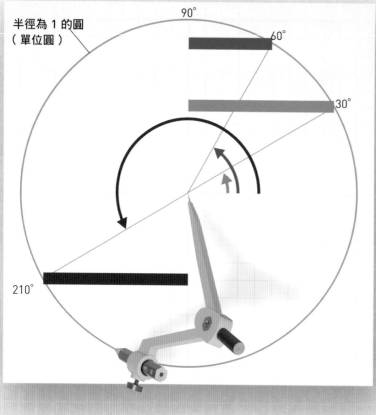

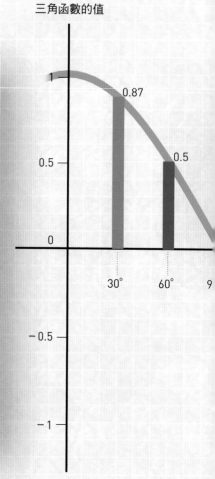

60

360°（1圈）時，餘弦值又回復為1。

　　正弦是表示單點在單位圓上沿逆時針旋轉時的縱向位置變化。相對地，餘弦是表示這個點的橫向位置變化。把兩者疊合在一起即可發現，正弦波和餘弦波是形狀相同但相差90°（$\frac{\pi}{2}$）的波。

　　旋轉和波，乍看之下似乎毫無關聯，卻透過三角函數產生極為密切的關係。

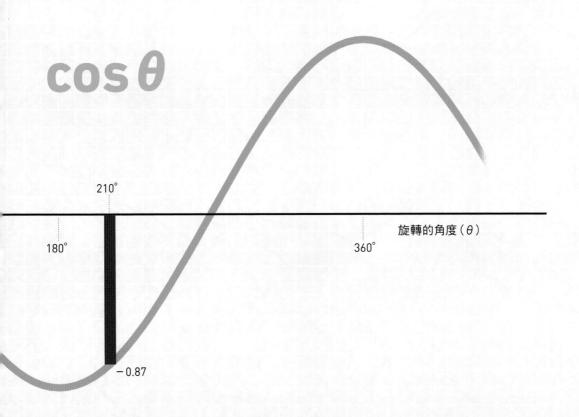

$\cos\theta$

210°

180°

360°

旋轉的角度（θ）

− 0.87

也來看看正切的圖形吧！

正切的圖形也具有週期性！

下方插圖為單位圓（半徑為 1 的圓）的角度逐漸增大時，正切值形成的變化圖。

對應於 0°的正切值（tan0°）為 0。像tan30°$= \frac{1}{\sqrt{3}} \fallingdotseq 0.58$，tan45°$= 1$，tan60°$= \sqrt{3} \fallingdotseq 1.73$，當角度越來越接近90°時，正切值會逐漸增加而趨近於無限大（$+\infty$）；當旋轉超過90°時，正切值會跳到負的無限大（$-\infty$），再度逐漸增加；轉到180°時，又回復到 0。

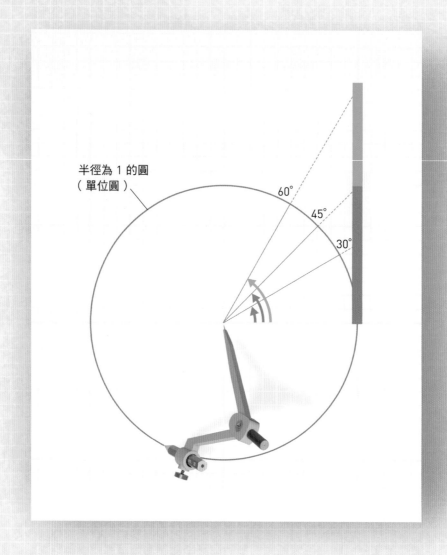

半徑為 1 的圓
（單位圓）

60°

45°

30°

以正切值為縱軸，以角度為橫軸，將這個變化畫成圖形，雖然它的形狀不是像正弦和餘弦一樣的「波」，但也是具有週期性的形狀。

旋轉所產生的
正切軌跡

在單位圓上沿逆時針旋轉，畫一條線連接該圓心和該點，再延長到旋轉起始點的正上方（或正下方）。如果把這個點的縱向位置（正切）變化畫成圖形，會變成以180°的週期反覆變化的曲線。

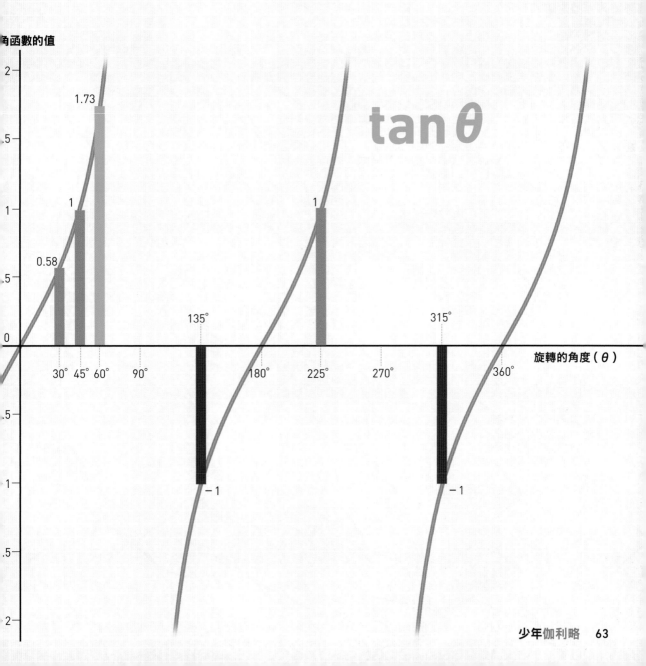

三角函數的值

$\tan \theta$

旋轉的角度（θ）

「波」是什麼？

波和「振動」之間具有密切的關係

我們已知正弦和餘弦所描繪出的圖形會成為波。而生活周遭也有各式各樣的波。究竟，波是什麼東西呢？

和波有密切關係的，即是「振動」。所謂的波，可以說是「在某個點產生的振動往周圍傳播的現象」。在某個場所產生的振動，隨即引發隔壁的振動，接著再引發隔壁的振動……。這樣的情形反覆發生，就是波。

而「波長」和「振幅」這兩個重要元素，決定了波的性質。所謂的波長，是指某個波峰（波的最高點）到下一個波峰的長度，或是某個波谷（波的最低點）到下一個波谷的長度；而振幅是指波的振動幅度，相當於波峰的高度，或波谷的深度。

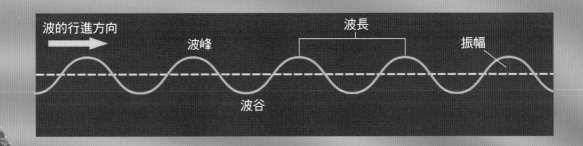

波的行進方向

波峰

波長

振幅

波谷

水面波是如何形成的？

水面的波紋，是中心的水往周圍傳播振動，使水面依序上下振動而產生。浮在水面的落葉會隨著水波而上下振動，但不會跟著波一起前進，因為波會留下落葉自行通過。順帶一提，水波的形狀與單純的正弦波等形狀並不相同。

「彈簧的振動」也隱藏著「波」

波的形狀和正弦的圖案相同

如 下圖所示，把彈簧的上端固定，下端掛著一個吊錘（配重）。將吊錘往下拉再放開手，彈簧會反覆地收縮及伸長，使吊錘的位置也跟著上下振動。

隨著時間的經過，吊錘的位置會呈現什麼樣的變化呢？以吊錘的位置為縱軸，以時間為橫軸，把它的變化描繪成圖形，可以看到一個波形。這個波和第58頁看到的正弦圖形是相同的東西。乍看之下，似乎和旋轉運動毫無關係的「彈簧振動」，竟然也隱藏著三角函數。

彈簧和單擺的正弦波，都隱藏於振動中。

把彈簧振動所造成的吊錘位置變化，記錄成圖形，便會成為圖中紅線所顯現的波。這個波和第58頁看到的正弦波，基本上是相同的東西。把單擺的振動記錄下來，也會出現相同形狀的波。

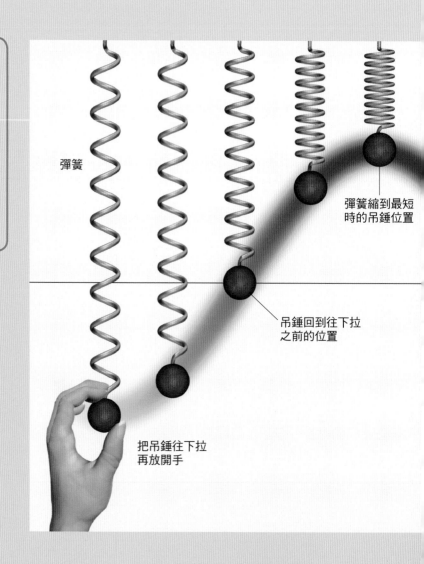

彈簧

彈簧縮到最短時的吊錘位置

吊錘回到往下拉之前的位置

把吊錘往下拉再放開手

隱藏三角函數的不僅是彈簧的振動，事實上，「單擺的振動」也隱藏著三角函數。如果追蹤單擺的運動，也會顯現出正弦的波（如右圖）。

在彈簧及單擺上看到的振動，在物理學上稱為「簡諧振動」。以數學式子表示簡諧振動造成的位置變化時，一定會出現正弦這個三角函數。因此，簡諧振動所造成的波就稱為「正弦波」。

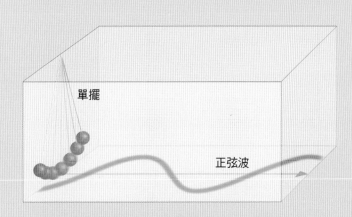

以振動的單擺位置為縱軸，以時間為橫軸，所畫出的圖形也是顯現出正弦波。不過，單擺的振動只限於擺動的角度相當小的時候，才會顯現出正弦波。

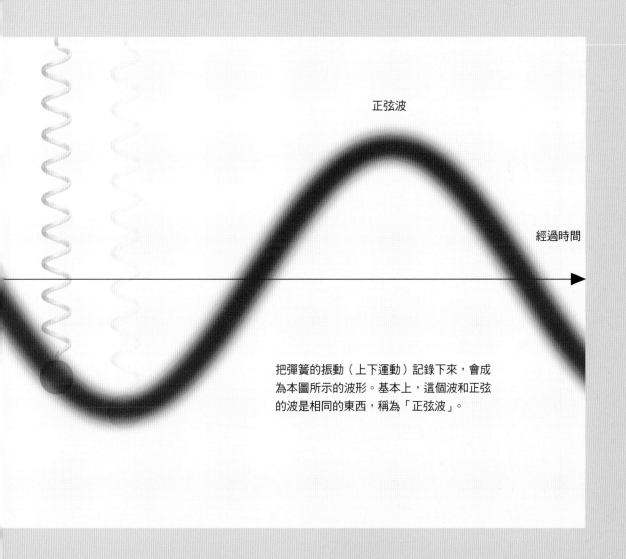

正弦波

經過時間

把彈簧的振動（上下運動）記錄下來，會成為本圖所示的波形。基本上，這個波和正弦的波是相同的東西，稱為「正弦波」。

聲音、光、地震的搖晃……，世界上充滿了「波」！

三角函數在波的分析上是不可或缺的數學工具

生活周遭充滿了「波」

本示意圖為日常生活中各式各樣的波。例如：聲波、光波、無線電波、海浪、地震波、樂器產生的波等等，不一而足。為了有效地運用、分析這些波，三角函數成了必需的工具。

我們生活周遭充滿了各式各樣的「波」。例如，眼睛能捕捉到的「光」，就具有波的性質。還有，耳朵能夠捕捉到的「聲音」，也同樣具有波的性質。

智慧型手機和微波爐等器具所使用的「無線電波」，顧名思義，也是波的一種。地震的搖晃也是以稱為「地震波」的形式傳播到遠方。由以上所舉的諸多例子，應該可以明白，我們根本就是在各種波的包圍之中生活著。

這些波的形狀全都可以用正弦或餘弦的圖形來表示。也就是說，只要利用正弦及餘弦等三角函數，即可闡明這些波所具有的性質。三角函數在分析波的性質上，可說是不可或缺的工具。

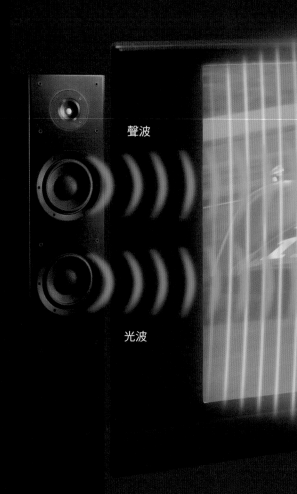

聲波

光波

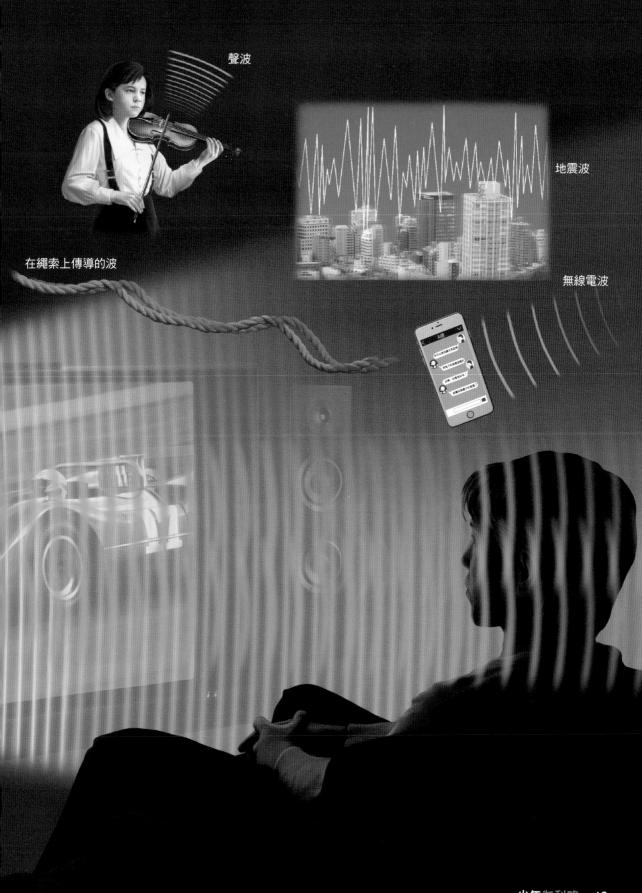

聲波

地震波

在繩索上傳導的波

無線電波

人聲、樂器的聲音
也能用波形來表現
空氣的振動以波的形式傳送

人在發出聲音的時候，是藉由振動喉嚨的聲帶而使空氣振動。這個空氣的振動使對方耳裡的鼓膜隨之振動，聲音便得以傳遞。

空氣在振動時，其密度會升高或降低。如果以時間為橫軸，以空氣的密度為縱軸，就可以把空氣的振動描繪成「波」的圖形。例如，「KONNICHIWA」（日文的你好）的聲音會呈現非常複雜的波形（右頁插圖）。正因為這樣複雜的波

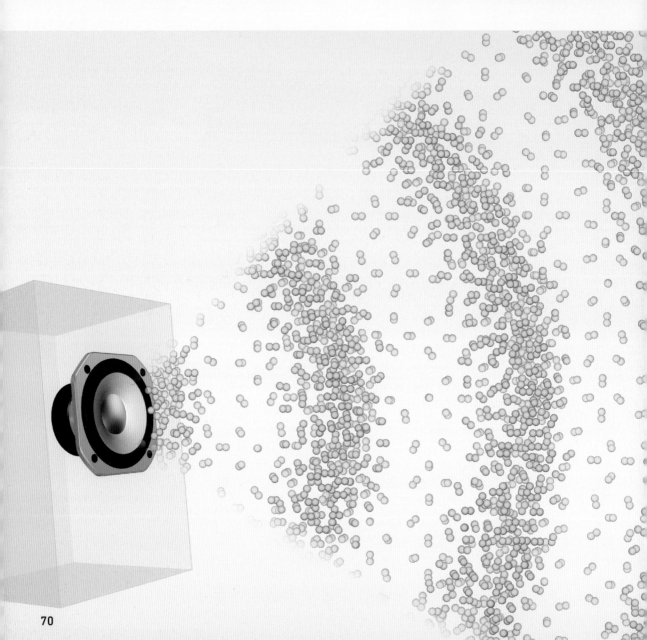

形，才能承載大量的聲音資訊。

　　不是只有人的聲音才會呈現複雜的波形。鋼琴、小提琴等樂器的聲音，也各自擁有獨特的複雜波形。反之，只要巧妙地使空氣振動，讓它忠實地重現鋼琴聲音所獨具的波形，我們就能聽到鋼琴的聲音。執行這項作業的裝置，就是揚聲器（喇叭）。

聲音是「空氣密度的波」

把揚聲器施加電壓，受這個電壓變化的波，便會轉換成「振動板」的振動。若振動板往前移動，則其前方空氣的密度就會升高；若往後移動，則其後方空氣的密度就會降低。這樣經反覆移動產生出空氣所振動的波，傳送出來即成為聲音。

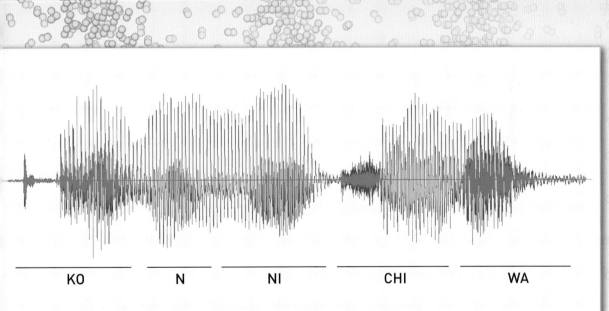

KO　　　N　　　NI　　　CHI　　　WA

把「KONNICHIWA」的聲音用波來顯現，會是什麼情形？

把成年男性說「KONNICHIWA」的聲音用聲波的形式表示出來，會成為上方所示的複雜形狀。橫軸表示時間，縱軸表示空氣密度。波的高度（振幅）表示聲音大小，但要從這個波形讀取聲音的高低（頻率，在一定時間內反覆出現的波的個數）並不容易。

複雜的波其實是由單純的波「疊合」而成！

無論什麼樣的聲音都可以分解成單純的波

正弦波是形狀單純的波，聲音的大小可用波峰（和波谷）的高度來表示，聲音的高低可用頻率來表示。但是，像人類的聲音這麼複雜的波，並無法輕易地讀取這些特徵。

在此，有一個波的重要性質就發揮了功能，就是「只要把單純的波疊合（加）在一起，則無論多麼複雜的波都能製造出來」。反之，也可以說「無論多麼複雜的波，都能分解成單純的波」。

「把單純的波疊合在一起」，究竟是怎麼一回事呢？我們在右頁插圖準備了幾個具有不同頻率的正弦波，把它們疊合在一起。像這樣把這個波，再疊合另一個正弦波，還可以製造出更複雜的波。

事實上，不只正弦波，把餘弦波疊合在一起，也能用來表現各式各樣的波。

把正弦波疊合會怎麼樣？

「把波疊合在一起」是指把各個波用函數來表示，再把這些函數加起來。下方插圖所示，是把 3 個正弦波①、②、③疊合在一起，成為形狀複雜的波④。

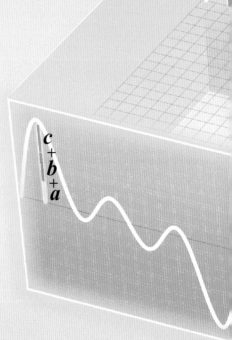

$$④\ y = \sin x + \sin 2x + \sin 3x$$

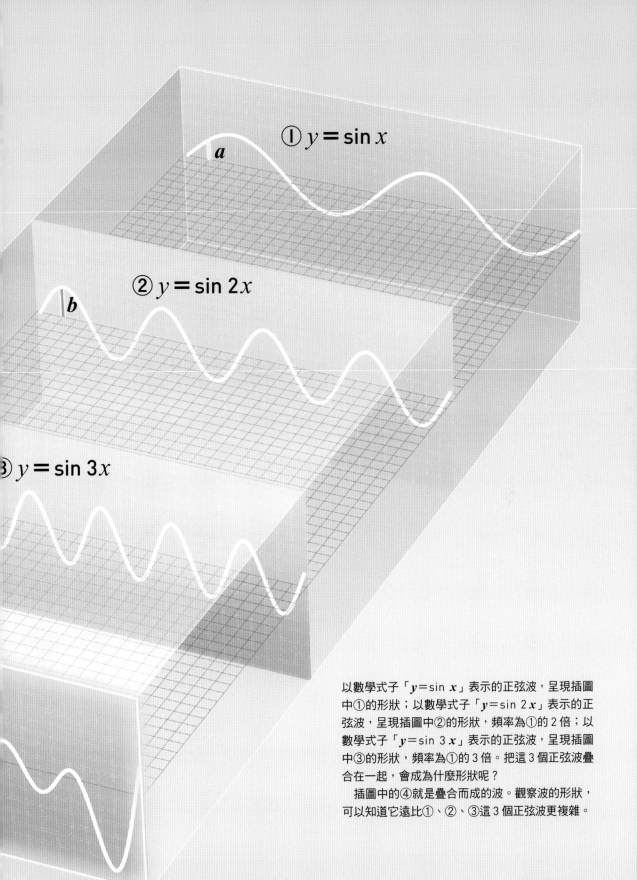

① $y = \sin x$

a

② $y = \sin 2x$

b

③ $y = \sin 3x$

以數學式子「$y=\sin x$」表示的正弦波，呈現插圖
中①的形狀；以數學式子「$y=\sin 2x$」表示的正
弦波，呈現插圖中②的形狀，頻率為①的 2 倍；以
數學式子「$y=\sin 3x$」表示的正弦波，呈現插圖
中③的形狀，頻率為①的 3 倍。把這 3 個正弦波疊
合在一起，會成為什麼形狀呢？

插圖中的④就是疊合而成的波。觀察波的形狀，
可以知道它遠比①、②、③這 3 個正弦波更複雜。

分解複雜的波就可應用於數位機器上！

智慧型手機和數位相機都是拜三角函數之賜

法國物理學家兼數學家傅立葉（Jean Baptiste Joseph Fourier，1768～1830），在函數（表現出若 x 值確定則 y 值即隨之確定的數學式子）上有重大的發現。那就是「無論什麼樣的函數，都可以用無數個由各種正弦和餘弦加起來的式子來表示」（後來也闡明了能以此方式表示的函數條件）。也就是說，如果把製造出人聲和樂器聲的「複雜的波」視為函

傅立葉轉換是「聲音的三稜鏡」

本圖所示為傅立葉轉換的基本機制。如同三稜鏡把陽光分解成各種顏色的光，利用傅立葉轉換可以把聲音等複雜的波分解成許多個單純的波，從而得知它的分量。智慧型揚聲器（數位喇叭）也是藉由分析這個資料來辨識聲音。

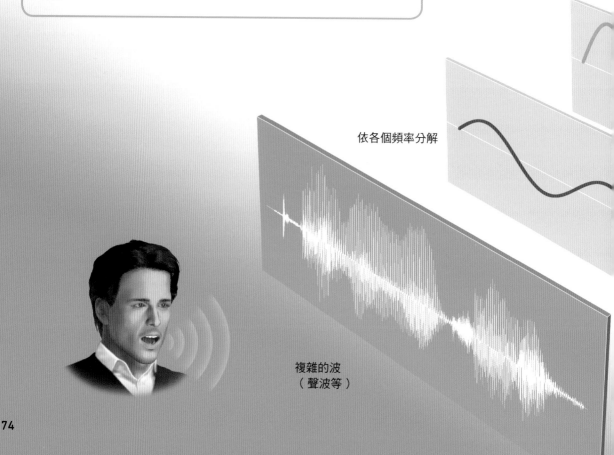

依各個頻率分解

複雜的波
（聲波等）

數，就能把它分解為正弦波和餘弦波這類「單純的波」。像智慧型手機和電視這類複雜的無線電波，也是由「單純的波」疊合而成。把「複雜的波」分解成「單純的波」，即可取出其中的資訊。

　　把「複雜的波」分解成「單純的波」的數學手法，就是把三角函數進一步發展的「傅立葉轉換」（Fourier transformation）。無論是觀看智慧型手機和數位相機拍攝的照片，或是聆聽以數位方式傳送的音樂，都必須運用到傅立葉轉換。因此可以說，三角函數是支撐現代數位社會的一大支柱。

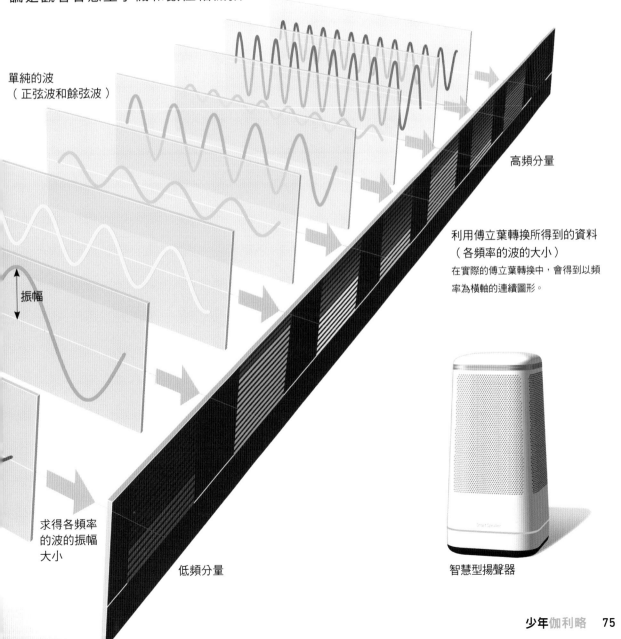

單純的波
（正弦波和餘弦波）

振幅

求得各頻率
的波的振幅
大小

低頻分量

高頻分量

利用傅立葉轉換所得到的資料
（各頻率的波的大小）
在實際的傅立葉轉換中，會得到以頻率為橫軸的連續圖形。

智慧型揚聲器

三角函數的值、重要公式篇

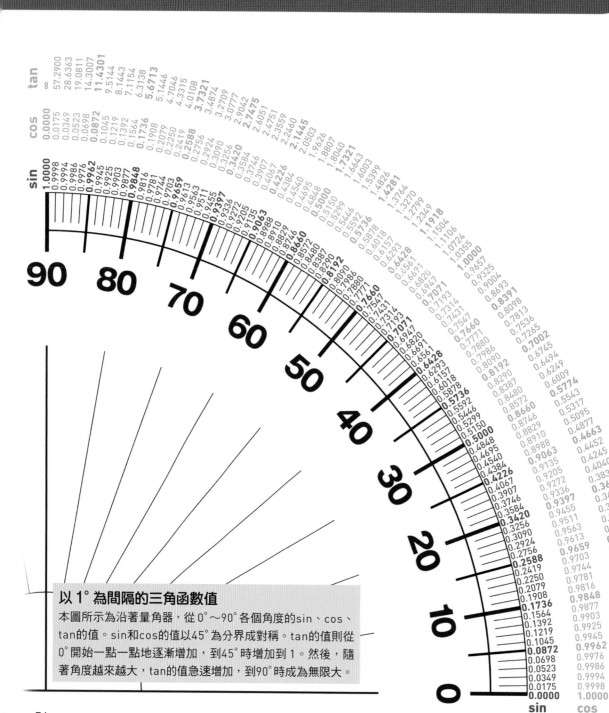

以 1°為間隔的三角函數值

本圖所示為沿著量角器，從 0°～90°各個角度的sin、cos、tan的值。sin和cos的值以45°為分界成對稱。tan的值則從0°開始一點一點地逐漸增加，到45°時增加到 1。然後，隨著角度越來越大，tan的值急速增加，到90°時成為無限大。

利用直角三角形的三角函數定義（三角比）

$$\sin \theta = \frac{對邊}{斜邊} = \frac{AC}{AB}$$

$$\cos \theta = \frac{鄰邊}{斜邊} = \frac{BC}{AB}$$

$$\tan \theta = \frac{對邊}{鄰邊} = \frac{AC}{BC}$$

斜邊　對邊　鄰邊　A　B　C　θ

正弦、餘弦、正切的關係

$$\sin \theta = \cos (90° - \theta)$$
$$\cos \theta = \sin (90° - \theta)$$

$$\sin^2 \theta + \cos^2 \theta = 1$$

$$\tan \theta = \frac{\sin \theta}{\cos \theta}$$

利用單位圓的三角函數定義

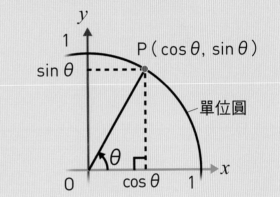

$P(\cos \theta, \sin \theta)$　單位圓

餘弦定理

$$c^2 = a^2 + b^2 - 2ab \cos C$$
$$a^2 = b^2 + c^2 - 2bc \cos A$$
$$b^2 = a^2 + c^2 - 2ac \cos B$$

正弦定理

$$\frac{a}{\sin A} = \frac{b}{\sin B} = \frac{c}{\sin C}$$

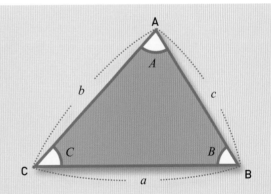

和角公式　計算兩個角度相加或相減時的三角函數值公式

$$\sin (\alpha + \beta) = \sin \alpha \cos \beta + \cos \alpha \sin \beta$$

$$\sin (\alpha - \beta) = \sin \alpha \cos \beta - \cos \alpha \sin \beta$$

$$\cos (\alpha + \beta) = \cos \alpha \cos \beta - \sin \alpha \sin \beta$$

$$\cos (\alpha - \beta) = \cos \alpha \cos \beta + \sin \alpha \sin \beta$$

三角函數介紹到此。從古代天文學衍生出來的三角函數，經由歷代數學家的研究，發現它具有趣味十足的性質。直到今天，在數位資訊大行其道的現代社會中，三角函數已成為不可或缺的工具。這一點，想必大家都已經有深刻了解！

其實三角函數之中，還隱藏著更深奧的性質。如果我們以後有機會學到「微積分」（微分與積分）這樣的概念，即可更明白三角函數的有趣性質。此外，三角函數和「虛數」這個不可思議的數之間，也具有極其神祕的關聯性。請各位務必踏入奧妙的數學世界一探究竟！

少年伽利略 01

虛數
從零開始徹底搞懂虛數

　　虛數就是「平方為負數的數」，數學家花了一段時間才接受這樣看似「詭異」的觀念。將之圖像化後，虛數才取得了「合理存在」的地位。看似在生活當中用不到，但對現代科學卻是大有助益，量子力學中知名的薛丁格方程式，就用到虛數；在天文學的領域中，虛數也成為探究宇宙初始的重要觀念。

　　「少年伽利略系列」針對學生在學習過程會碰到的疑問，分章列點，突顯重點，讓讀者可以掌握脈絡，增進理解與學習效率。

定價：250元

少年伽利略 03

質數
讓數學家著迷的神祕之數！

　　質數即是只能被 1 和自身整除的數，例如2、3、5、11……，然而數字越大，就越難以判定。質數好像有股神奇的魔力，讓許多數學家著迷不已，最大的質數是多少呢？質數要如何應用在現代社會？若因此把它想的太簡單，就要錯過這個深不見底的質數世界了！

　　學習質數除了可以增加樂趣外，質數也運用在信用卡和量子電腦的密碼等處，一起來窺探這個神祕的「質數」世界吧！

定價：250元

【 少年伽利略 02 】

三角函數
三角函數的基礎入門書

作者／日本Newton Press
執行副總編輯／賴貞秀
翻譯／黃經良
編輯／林庭安
發行人／周元白
出版者／人人出版股份有限公司
地址／231028 新北市新店區寶橋路235巷6弄6號7樓
電話／（02）2918-3366（代表號）
傳真／（02）2914-0000
網址／www.jjp.com.tw
郵政劃撥帳號／16402311 人人出版股份有限公司
製版印刷／長城製版印刷股份有限公司
電話／（02）2918-3366（代表號）
經銷商／聯合發行股份有限公司
電話／（02）2917-8022
香港經銷商／一代匯集
電話／（852）2783-8102
第一版第一刷／2021年3月
第一版第三刷／2022年11月
定價／新台幣250元
　　　港幣83元

國家圖書館出版品預行編目（CIP）資料

三角函數：三角函數的基礎入門書
日本Newton Press作；
黃經良翻譯. -- 第一版. --
新北市：人人，2021.03
面；公分. —（少年伽利略；02）
ISBN 978-986-461-238-3（平裝）
1.數學教育 2.三角函數 3.中等教育

524.32　　　　　　　　　　110001564

NEWTON LIGHT 2.0 SANKAKU KANSU
©2020 by Newton Press Inc.
Chinese translation rights in complex
characters arranged with Newton Press through
Japan UNI Agency, Inc., Tokyo
www.newtonpress.co.jp

Staff

Editorial Management	木村直之
Design Format	米倉英弘 + 川口 匠（細山田デザイン事務所）
Editorial Staff	中村真哉

Photograph

14～15	アフロ	33	アフロ
28～29	アフロ，都立中央図書館特別文庫室所蔵		

Illustration

表紙	Newton Press
2～3	Newton Press
4～5	Newton Press・吉原成行
6～15	Newton Press
16～17	国土地理院提供の「一等三角網図」を Newton Pressにより改変
18～23	Newton Press
24～25	Newton Press（雲のデータ：NASA Goddard Space Flight Center Image by Reto Stöckli (land surface, shallow water, clouds). Enhancements by Robert Simmon (ocean color, compositing, 3D globes, animation). Data and technical support: MODIS Land Group; MODIS Science Data Support Team; MODIS Atmosphere Group; MODIS Ocean Group Additional data: USGS EROS Data Center (topography); USGS Terrestrial Remote Sensing Flagstaf Field Center (Antarctica); Defense Meteorological Satellite Program (city lights).)
26～65	Newton Press
66～67	加藤愛一
68～73	Newton Press
74～75	髙島達明
76～77	Newton Press